UNWIDERRUFLICH LETZTE VORSTELLUNGEN

10. — SAUVETERRE

CAFÉ DE L'UNIVERS

Photo. Chauchard, Naucelle

CARTE POSTALE

Correspondance

Dieter Bachmann

Unwiderruflich
letzte Vorstellungen

Roman in fünf Akten

Edition Voldemeer Zürich
De Gruyter

Dieter Bachmann, Zürich

Publiziert mit Unterstützung durch Pro Helvetia, Stadt Zürich Kultur, Kanton Zürich Fachstelle Kultur sowie N.N.

Frontispiz: Carte postale, »10. – Sauveterre«, Majolet, éditeur, Photo. Chauchard, Naucelle, non daté, cachet de la poste: Sauveterre d'Aveyron, 25.8.1918.

Library of Congress Control Number: 2020939985

Bibliographic information published by the German National Library lists this publication in the Deutsche Nationalbibliografie; detailed bibliographic data are available on the Internet at http://dnb.dnb.de.

Edition Voldemeer Zürich
P. O. Box
CH-8027 Zürich

All rights reserved.

Copy editing: Ilona Buth, Berlin. Layout: Edition Voldemeer Zürich. Printing: Ernst Kabel Druck, Hamburg. Bindery: Müller Buchbinderei Leipzig. Printed on acid-free paper produced from chlorine-free pulp. TCF ∞

ISBN 978-3-11-071231-5

Walter de Gruyter GmbH
Berlin/Boston

www.degruyter.com

987654321

»Ich sah die vertrauten Gegenstände, die Gefährten so vieler erträglicher Stunden. Den Schemel, zum Beispiel, traulichster von allen. Die langen gemeinsamen Nachmittage in Erwartung der Stunde des Schlafengehens. Bisweilen fühlte ich sein Holzleben mich durchdringen, bis ich selbst ein altes Stück Holz war. Hatte sogar ein Loch für meine Zyste.«

— Samuel Beckett, *Das Ende*

Das Maß der Dinge

———————————————————————————————

HIMLICEK sitzt auf einem Schemel im Badezimmer. Er stöhnt. Er beugt sich zu einem Fuß hinunter, den er in der Luft zu halten versucht, der andere steht nackt auf dem Boden. An dem ausgestreckten Fuß versucht er eine Socke überzuziehen. Die Socke will nicht über den Fuß. Kommt frisch aus der Wäsche. Sträubt sich. Das Gewebe weigert sich dort unten, vor der Ferse.

Himlicek zieht, die Socke widersteht, Himm ächzt.

Er erwägt, die Socken gar nicht anzuziehen. Den Film rückwärtslaufen zu lassen, den Morgenmantel aus, zurück ins Bett. Aber der Tag ist da, da im Fenster, grau, unumkehrbar. Er schaut auf den Fuß, über den eine Socke bis zum Rist übergezogen ist. Die Sockenspitze, verschrumpelt, hängt über die Fußspitze hinunter, Zeichen einer größeren Niederlage.

Rien à faire. Sagt Estragon, als er, vergeblich, versucht, sich seinen Schuh auszuziehen. Damit wäre dort alles schon gesagt –

Hier warten wir nicht auf irgendeinen Godot, sagt sich Himlicek, hier braucht es einen Willen. Ohne Willen geht gar nichts. Er schaut auf den Fuß. Der Wille muss sich in deinem Hirn bilden. Bilde dich, Wille, sagt er sich, fass an, hepp!

Er sieht sich unter der Zirkuskuppel, schwingendes Trapez; flieg! Er würde fliegen, er flöge. Einen Willensklumpen bilden, jetzt, jetzt gleich, einen Willensknoten, Wollensknöterich, einen Willensballen, und diesen durch den Körper hinunterschicken zu den beiden Händen und dem Fuß.

Aber einer Socke kannst du nichts befehlen.

Himm, du musst müssen. Du musst durch. (Gejammer: *Aber ich will nicht ...*) Du musst wollen! Musst wollen wollen. Es geht, wenn man will. Beiß auf die Zähne! Streng dich an! *(Stimme der Mutter)*

Immer noch nichts. Dann bewegt sich die Fußspitze, kurz. Himlicek zieht mit beiden Händen, er stöhnt, ächzt, die Socke kommt ihm nun bis über die Ferse entgegen. Also doch, sagt er sich. Er nennt sich dabei *Mein Lieber*. Es geht doch, mein Lieber. Jetzt nur noch einmal. Sag dir: Es geht ums Überleben.

Er fasst die Socke, zieht sie mit beiden Händen hoch an der Wade. Legt ihren Rand um, damit der nicht einschneidet.

Atmet schwer.

Er fährt mit der Hand in die zweite Socke und versucht, mit der Faust eine Höhlung zu schaffen. Die zweite Socke geht leichter, wenn auch nicht wirklich leicht.

Sieg über die Socken. Jetzt kommen die Hosen dran.

————————————————————————

WENN HIMLICEK ZUM SCHRIFTSTELLER WOLLTE, musste er von der Straße her durch das Vorderhaus, das mit einem Gittertor geschlossen war, der eine Flügel stets nur angelehnt. Ging aber schwer auf. Man musste sich mit seinem Körper dagegenstemmen. Es gab also einen Widerstand zu überwinden, bevor man den Portikus querte und über einen schmalen, leicht gekrümmten Weg einer hohen Mauer entlang zu den Hinterhäusern kam, einem Karree, das auf drei Seiten von hohen Wohnhäusern umstellt war. Heimlich hier, nur ein paar Schritte von der Straße entfernt.

Zwei hohe alte Bäume, eher schütter, behaupteten ihren

schattigen Platz. In der Mitte ein unregelmäßig gefasstes Beet, mit Immergrün. Kübelpflanzen, Efeu im Terrakottatopf, ein dunkler Bronzekranich.

In einer Pfütze war das Wasser stehengeblieben und spiegelte ein schmales Band blauen Himmels. Irgendwo tönte ein Radio aus einem offenen Fenster, klingelte vielleicht ein Telefon. Das kleine Wohnatelier des Schriftstellers, Erdgeschoss, hatte zwei schmale Fenster auf den Hof.

Der Besucher, auf Einlass wartend, hörte das Klappern der Schreibmaschine durch die verschlossene Tür. Ein Geräusch, vertraut und doch überraschend. Wie viele Jahre schon nicht mehr gehört ...

Das Klappern, das den Besucher zurückkatapultierte, um einige Jahrzehnte und mehr als tausend Kilometer, auf das Hämmern, das Himlicek eines gleißenden Sommermittags, der Zeit der großen Hitze, in der alle schliefen, aus einem Haus in der Hauptgasse von Ischia gehört hatte. Die weiße Straße menschenleer, nur von diesem Hämmern und Klappern erfüllt. Es kam aus der geschlossenen Buchhandlung, die Markisen heruntergelassen. Durch einen Spalt sah Himlicek François Bondy, er kannte ihn flüchtig vom Verlag, Huber & Leon. Bondy, vornübergebeugt als sein eigener Schreibersklave, saß auf einem Stapel Bücher, oder war es ein Stuhl gewesen, die Reiseschreibmaschine auf den Knien, und drosch einen Artikel in die Maschine.

Das Klappern, das Himlicek durch sein ganzes früheres Leben begleitet hatte, das Klappern der anderen, und immer wieder das eigene. Unerschrocken emsiges Berufsgeräusch auf wechselnden Maschinen. Die verschiedenen Olivettis nach jener alten Underwood der Lehrzeit, auch mal Hermes aus den Beständen von Huber & Leon, bis hin zu jener IBM-Kugelkopf, deren Elektromotor ein insistentes Summen abgab, was einen inzwischen weggekippten Weggefährten das Bonmot vom *Motor der Beredsamkeit* eingegeben hatte.

Musik vergangener Zeiten, alte Musik. Hundert kurze

Jahre aus der langen Menschheitsgeschichte. Das Klappern, das Ende des 19. Jahrhunderts mit der Erfindung der Typenhebelschreibmaschine angehoben hatte und das den Komponisten Rolf Liebermann noch 1964 zur Komposition einer automatischen Symphonie mit 156 Büromaschinen inspiriert hatte, einer Komposition des Fortschritts, der Entwicklung, der Machbarkeit, der Technik und des entsprechenden Optimismus. Wie früher Schlemmers *Triadisches Ballett* und Honeggers *Pazific 231*.

Lange her. Das Klappern ist verstummt, der Optimismus auch.

Und mit ihm die Form des Typoskripts als Überlieferung von Texten. Das maschinengeschriebene Manuskript, die Unregelmäßigkeit der Typen, die o-Löcher, die alte, ausgeleierte Maschinen ins Papier hauten, die Korrekturen von Hand, durch Überschreiben mit Hilfe von Tipp-Ex. Der Durchschlag auf etwas gelb Knisterndem, das man zärtlich Seidenpapier nannte. Verschwunden, verschollen, untergegangen, was die Existenz des Schriftstellers sinnlich gemacht hatte.

Das Peitschen der Typenhebel, unmittelbar gefolgt vom Klatschen von Stahllettern auf Papier, womöglich auf dreifach eingespanntes, kohlepapiergefüttertes, war eines der Leitgeräusche des 20. Jahrhunderts. Wer es nicht im Ohr hat, meint Himlicek, wird vieles aus jener Zeit niemals richtig lesen können, nicht nur die Papiere der rasenden Reporter – auch die literarische Prosa und selbst das Gedicht.

Dieser hier in seinem Pariser Gehäuse schuf sein Werk im Einklang mit der Lebenszeit der Schreibmaschine. Als er anfing, waren die ersten schönen Portables auf dem Markt, ihre Namen duftig wie die von Parfums, *Hermes* von Paillard, *Valentine* von Olivetti, *Erika* aus Dresden.

Als er alt wurde, war er einer der Letzten, die immer noch mit ihrem ursprünglichen Gerät umgingen. Er hatte seine Maschinen gehegt, durch alle Lebensveränderungen gerettet. Mit Umsicht hatte er die alte Gewohnheit in das ihn wohl fremd anmutende 21. Jahrhundert gebracht – es hat nicht sein Parfum. Ein Relikt, seine kleine Schreibmaschine, an dem noch die Erinnerung ans Kontor hing, an den Datumsstempel, an knarrende Lederschuhe.

Und hat sie mit Umsicht für alle seine drei Disziplinen verwendet, die Prosa, die privaten Aufzeichnungen und den Brief. Auch diesen nämlich hat er gerettet vor dem digitalen Abgrund. Er hat den Brief als eine literarisch-gesellschaftliche Umgangsform gepflegt seit, er schreiben kann.

Er hat damals auch für den Brief noch ein Kohlepapier mit dünnem Durchschlag mit dem Briefbogen eingeklemmt zwischen Klemmsteg und Walze, bis ein Freund ihn darauf aufmerksam machte, dass Briefe für den Empfänger bestimmt sind, nicht für ihren Autor. Er hatte diese Durchschläge abgelegt als der Inhaber seiner Privatgesellschaft, deren Gewinnziel im Erzeugen hochwertiger Sätze und Satzzusammenhänge bestand, in dem, was er beharrlich und umsichtig immer als sein *Werk* bezeichnet hat. Und damit meinte er das Ganze des Schreibens.

Dieser hier war einer, dem man gern zusah: wie er ein Blatt in die Hand nahm, niemals nachlässig, indem er dem andern ein Gefühl übermittelte, das von seinen Händen auszugehen schien, Daumen und Zeigefingern, mit denen er das Blatt vor sich hielt, das Papier so wichtig wie die Hand, die Hand, die ohne das Papier dann einen winzigen Augenblick lang wie überflüssig wirkte.

Das Papier, der BIC, die Blätter, das Bündel und Konvolut, die Agenda, die Schreibmaschine, das alles versammelt, bereitgelegt auf einem alten Schneidertisch, der den Schreibermönch wie durch die Jahrzehnte begleitete, so lange es das Vorhandensein eines Ateliers, einer eigenen exterritorialen Schreibstube erlaubte.

Diese gehätschelten Siebensachen, mit der Ledermappe für die Manuskripte, der Zigarettenspitze – waren das Fetische gewesen?

Gewiss. Das Manuskriptblatt, die sorgfältig in Ordnern abgelegten Notizen, die gesammelten Briefdurchschläge waren Ding, Gegenstand greifbar gewordener Schreibexistenz, und auch – für diesen hier – das Ding an sich. So waren auch bei einem anderen, der sich lange vor dem Überhandnehmen des Umschwungs in seinem Keller vergraben hatte, einem Maniak, einem von Wörtern Besessenen, die Blätter zu sehen gewesen, das Papier, die Typoskripte, die jener wie an einer Wäscheleine über seinem Schreibtisch aufgereiht hatte. Etwas, das Himliceks Freund in seinen jüngeren Jahren gern imitiert hatte.

Und auch hier, im Hinterhof, gehörten solche Seiten – die einzelnen glatten, die in der Mitte zweimal gefalteten, die Durchschläge und die in Kladden abgelegten Bündel und Büschel – zu einem anfassbar gebliebenen Werk. Und mit den gedruckten Büchern zusammen zu einem handwerklichen Opus, einem Manufaktum, das nun wie eine Landzunge in den entmaterialisierten, verflüssigten, flutenden Ozean der Bytes hineinragt. Ein Unzeitgemäßer ist dieser geblieben, ein letzter Fels.

Klappern, dann Rasten; Denken, Weiterklappern. Hier, wo er sie noch einmal hörte, die *alte Musik,* erinnerte sie Himlicek an sein ganzes Leben. Die, welche sie nie gehört haben, denkt er, vermissen nichts, auch wenn sie so viel missen müssen.

HIMLICEK steht vor der Kleiderstange, an der seine Kittel, Hosen und ein paar Hemden in säuberlicher Reihe hängen, als ihm auffällt, dass da drei Anzüge aufgehängt sind, eng an eine Seite gerückt. Komplette, zweiteilige Anzüge. Die hat er schon lange nicht mehr getragen. Es sind da ein hellgrauer für den Sommer und zwei dunkle für kühlere Jahreszeiten oder ernstere Gelegenheiten. Das Jackett säuberlich auf dem Bügel, vorn zugeknöpft, darunter über den Steg gehängt die gleichfarbige Hose. Jackentaschen mit Klappe, paspeliert.

Himlicek ist überrascht.

Er befühlt die Stoffe mit Daumen und Zeigefinger. Feine Ware, Merino, Kammgarn, Wolle mit Seide, Seide mit Leinen, oder was denn? Wo sind die Wörter dafür? Wo die Kenntnisse? Er streicht mit dem Handrücken über das Futter. Besieht sich die Revers, die in Spitzen auslaufen, mit einem schrägen Knopfloch versehen. Die doppelte Reihe der Knöpfe, die kleine Tasche für das Brusttuch, das schimmernde Futter, das mit groben, doch regelmäßigen Stichen in den Ärmel eingenäht ist: Handarbeit. Mit dem eingenähten Schild des Herstellers, der Herrenschneiderei. Die Hosen komplett mit Bundfalten, schräg angesetzten Hosentaschen, Gesäßtaschen geknöpft, Uhrtäschchen am Bund vorne rechts. Umschläge, Bügelfalten. Hosenbeine innen überm Knie gefüttert.

Es sind Maßanzüge, mindestens ausgesuchte Konfektion, sorgfältig gearbeitet, unverwüstlich der Stoff, besonders wenn man die Kleider selten trägt. Die Jacketts sehen aus wie am ersten Tag. Auf den Hosenbeinen hätte Himm einen leichten Glanz feststellen können, ebenso auf dem Hosenboden. Wann hat er einen dieser Anzüge zum letzten Mal getragen? Es hat ihn offenbar aus ihnen hinausgealtert.

Alte Geschichten. Das Knopfloch hat nie einen Orden gesehen, hat nie eine Blume getragen. Hat in dem Fach für das Brusttuch je ein Seidentuch seine Spitzen über den abgenähten Steg gesteckt? Ein weißes oder ein buntes? Mag sich nicht erinnern, Himm, auch wenn er es gekonnt hätte. Die Anzüge sind für ihn mit einer federleichten Scham verbunden, mit welcher denn?

Die Kleider waren aus einer anderen Welt in diese neue Wohnung gekommen. Und Himms Leben würde möglicherweise zu Ende gehen, ohne dass er noch einmal Gelegenheit hätte, sich in einem dieser Anzüge zu präsentieren. Den viel zu weiten Hosenbeinen, dem doppelreihigen, auf Taille geschnittenen Jackett. Links und rechts vom Kinn ein Revers aufragend. Ohne die Tasche für ein Handy im linken Vorderteil. Das Handy hatte es noch nicht gegeben, und nicht die Flegelei, in Gesellschaft zu telefonieren. Das hätte ein solcher Anzug allein schon durch seine gute Fasson verboten.

Himlicek befühlt noch einmal die groben, regelmäßigen Stiche, mit denen das Ärmelfutter in das Schulterstück eingenäht ist. Wo sind die Hände, die das alles gestichelt hatten, irgendwo zwischen Mönchengladbach, vielleicht, und Napoli?

Warum hat er sie aufgehoben, mitgebracht, hier aufgehängt? Gibt es noch einmal eine Beerdigung, an der er einen dunklen Anzug tragen könnte, einen festlichen Anlass, einen Ball, ein förmliches Sommerfest? Was heißt Pied-de-Poule? Prince de Galle? Fischgrat, Hahnentritt? Warum hat er keinen Tweed? Hat er die Anzüge denn für Kommendes aufgehoben, oder eher aus einer alten Anhänglichkeit? Oder für eine vor ihm liegende Stadt, eine ungesehene, in der er, unerkannt, noch einmal elegant sein könnte?

Den einen der dunkleren Anzüge hat er, lange her, zuletzt auf einer Schiffsreise getragen, auf der zum Captain's Dinner Abendanzug und Krawatte verlangt wurde. Den hellen – er weiß es nicht mehr. An jener großen Jahreswende vielleicht, auf dem Turm, als von überall her die Glocken läuteten und ein mächtiges Feuerwerk in den Himmel stieg, welches zuletzt mit kreisenden Sonnen, schweifziehenden Raketen die Zahl 2000 in den Nachthimmel schrieb?

Auch in den Dingen tickt eine Uhr. Auch die Dinge haben eine Jugend, eine hohe Zeit, und auch die Dinge sterben, manche schneller, manche langsam, andere unmerklich. Erst nach einer Zeit wird deutlich, dass sie fehlen.

Irgendwann ist es unmöglich geworden, Anzüge zu tragen. Niemand außer den Bankangestellten trägt noch einen Anzug. In demselben Anzug, in dem Himm früher einen Auftritt gehabt hatte, würde er heute nur lächerlich sein. Im Anzug wird man nicht einmal mehr eingesargt, man würde es immerhin wünschen können.

Die Anzüge haben die ihnen eingeschriebene Zeit, ihr Apogäum überschritten. Sie sind, ohne dass sich an ihnen etwas verändert hätte, unzeitgemäß geworden, haben ihre Zeit verlassen und sind nur noch ausgetragene Kleider für die Altkleidersammlung. Überflüssig. TexAid würde sie reinigen und an Boat-People weitergeben, oder an Bergbauern.

Himlicek hat die Zeit noch gekannt, als man alte Kleider nach Deutschland schickte. Ein Bergbauer würde nichts mit seinen Sachen anfangen können. Merkwürdig und unangenehm die Vorstellung, dass ein anderer Mann in seinem Anzug hinter einer Armensuppe sitzen könnte. Armensuppen gibt es noch. Ein Senegalese wäre nur verkleidet – doch vielleicht nicht verkleideter, als Himlicek es einst gewesen ist. Er beschließt, die drei Anzüge hängen zu lassen, aus Trotz, Treue oder aus Trauer, und sei es bis zu seinem Sankt-Nimmerleins-Tag.

———————————————————————

WAS MACHEN DIE PÜNKTCHEN?, fragt Klein-Himlicek, indem er auf den Stoff von Mutters Kleid deutet. Man lacht, was für eine Frage! Aber Himm scherzt nicht; wie sollte ein Vierjähriger scherzen können? Er hat seine erste Sinnfrage gestellt. Wozu sind die weißen Pünktchen da auf dem roten Stoff? Wozu *dienen* sie? Warum *sind* sie? Und, da sie nun mal da sind: Was *tun* sie denn da? Die Antwort der Mutter ist nicht erhalten, doch die Anekdote wurde gern überliefert. Es war die erste von vielen Fragen Himliceks, die ihm keiner beantworten konnte.

Himlicek beobachtete alles, wollte alles wissen, wusste bald über alles Bescheid. Wusste überall, was vorging.

Kannte den Preis jeder Ware im Coop. Im Bett der Eltern, in welchem er sich schlafend stellte, lernte er den Geschlechtsverkehr. Wenn die Eltern im Kino waren, untersuchte er das Gewehr, das sein Vater im Schrank stehen hatte. Himlicek saß bei den Großen, schwieg und registrierte alles. Es war ihm bewusst, dass man ihn in seiner Schmächtigkeit übersah, oder jedenfalls nicht ernst nahm. Manchmal redeten sie in seiner Anwesenheit so ungehemmt, als ob er mit Taubheit geschlagen sei.

War er nicht!

Er sitzt da, ein Gnom, ganz Neugier. Ihre Gemeinheiten und Schweinereien interessieren ihn. Große Augen, riesige Ohren. Niemals langweilt er sich bei den Großen. Er merkt sich alles. Geh spielen, sagt man. Dann macht er sich unter dem Esstisch kleiner. Mit anderen Kindern spielt er nur dann, wenn es nichts zu hören gibt.

Im Biologieunterricht galt es, den Maikäfer, der aus dem Formalintopf kam, in seine Chitin-Segmente zu zerlegen. Himlicek war seinen siebzehn Mitschülern um Längen voraus, und seine Maikäferteile waren am saubersten auf Nadeln gespießt. Im Religionsunterricht träumte Himm vor sich hin, die Religion war ihm zu allgemein, Gott ungreifbar.

Auf dem Trottinett, die Hände fest an den gerillten Gummigriffen des Lenkers, im Quartier allein unterwegs, da war er Entdecker. Sein Auge, auf dem Trittbrett höher gehoben, erschuf die Welt um ihn herum. Die Stadt erweiterte sich mit jedem Tag, den er auf dem Roller zubrachte. Sie wurde Welt.

Als er elf geworden war und einen Schraubenschlüssel halten konnte, zerlegte er das schwarze Raleigh-Herrenrad des Vaters bis auf die letzte Schraube. Räder, Pedale, Schutzbleche; den schwarzen geschlossenen Kettenkasten, Radnaben samt Gangschaltung, Felgen, Speichen, Reifen, Luftschlauch, Gepäckträger, Rücklicht und vorderes Licht, Lenker, den Rahmen bis auf die reine Konstruktion entblößt.

Hatte das schwarze Raleigh des Vaters auseinandergenommen, um dem Wesen des Fahrrads auf die Spur zu kommen. Seine Auslegeordnung war perfekt. Aber Himm brachte die Teile danach nicht mehr zu einem Rad zusammen. An der Tracht Prügel, die er erhielt, interessierte ihn das langsame Nachlassen des Brennens auf seinem Hintern.

Lange hat sich Himm ein Mikroskop gewünscht. Lupen aller Art hat er schon, Fadenzähler, er hantiert mit Vaters Feldstecher. Auch mit einem Fotoapparat, an dem man die Linse ausklappen kann. Spiegelkompass, später Theodolit – im Lauf seines Heranwachsens hat sich Himlicek mit allen möglichen optischen Apparaten beschäftigt. Ist auch einmal im städtischen Observatorium gewesen, um in den Nachthimmel zu sehen. Hat in der Angewandten Geometrie, im sogenannten Feldmessen mit dem Theodolit umgehen gelernt.

Seine Enttäuschungen sind so vielfältig wie sein Ausprobieren. Der im Fernrohr vergrößerte Stern gibt nicht mehr preis als der, den er mit bloßem Auge betrachtet. Sein Schülermikroskop ist zu schwach, um die vorausgesagte Bewegung seiner Spermatozoen sichtbar werden zu lassen. Der Feldstecher verwackelt nur die Aussicht.

Der Fotoapparat lässt ihn den Augenblick übersehen, in welchem er davon ein Bild zu machen versucht. Nur die alten Cameras, jene Plattenkameras mit Mattscheibe, auf denen das Bild der Welt auf dem Kopf stand, luden wirklich zum Hinsehen ein, sie zwangen dazu.

Anders der Theodolit, der Apparat, mit dem man die ganze Welt hätte ausmessen können – freilich nur immer um ein kleines Stück, Winkel um Winkel, Dreieck für Dreieck, diese dafür unfassbar genau. Er lernt, genauer hinzusehen, und der Theodolit sagt ihm, dass es nicht auf die Aussicht, sondern auf den Ausschnitt ankommt.

Erwachsen geworden benutzt er nur noch sein Auge, Papier und Bleistift. Später noch lieber seine Schreibmaschine.

Das Lesenlernen ist der Beginn dieser Verzauberung gewesen. Der Sprachunterricht entschädigt ihn für die Mondlandschaften der Mathematik. Später die Fremdsprachen! Er sitzt in den Ranken und Verzweigungen der fremden Wörter und Sätze und schaut durch die Zwischenräume auf eine neue Welt.

Himliceks Herkunft, die Vergangenheit, die zu seiner Gegenwart geführt hat, verliert sich in den kapillaren Verästelungen von zwei Prager Familien, die sich teils aus dem bürgerlichen Milieu und teils aus einer kräftigen Portion von artistischen Genen herleiteten. Der Großvater väterlicherseits, der Dědeček, kam aus einer Familie von Fahrenden, die sich einer raren Kunst, nämlich der des Hochmastsitzens, verschrieben hatten. Die Großmutter mütterlicherseits war aus einem bürgerlichen Milieu der Hauptstadt, das die Tochter, Markéta, in eine gutgepolsterte Boheme hinauftransponierte. Klavierspiel gehörte zur Grundausbildung der Tochter, sie selbst hatte einen Hang zur Kunst. In ihrer Familie wurde gleichermaßen Tschechisch wie Deutsch gesprochen.

Die Großmutter als junges Mädchen, sie war am Ende eines anderen Jahrhunderts geboren, zu Zeiten alternder österreich-ungarischer und preußischer Kaiserreiche. Es muss zu Hause ein rotes plüschgepolstertes Lesesofa gegeben haben. Markéta habe als junges Mädchen nichts anderes getan als gelesen, wurde gesagt, und ein wenig auf dem Pianoforte meditiert, gelesen aber nichts anderes als die jede Woche neu erscheinenden Groschenromane, eine literarische Novität jener Zeit: Ärzteromane, Liebesgeschichten, Abenteuer. Romanzen, von denen ihr Herz erfüllt war, und mehr als ihr Herz: die ganze in bunten Stoffen verwehende junge Frau, die wohl auch im Café Arco verkehrt hatte, ein violett-rotes Kopftuch besteckt mit Fasanenfedern um die Klimt'sche Pagodenfrisur geschlungen, diesen konditormäßig aufgebauten Haarturm – dem Café Arco, in dem Literaten und Künstler verkehrten und in dem sie wohl auch Dvořák begegnet war, den sie an ihrem Klavier unsystematisch studiert hatte. Die tief melancholische Stimmung der *Albumblätter* und der *Moldau* war wohl die Kehrseite der Mazurkas und ihres luftigen Naturells.

Der Großvater entführte sie aus ihren Kreisen in die Sippe seiner Artistenfamilie. Bis Hitler an die Macht kam, hielten die Himliceks es in der Tschechoslowakei aus. Aber bevor die Deutschen die Tschechoslowakei überfielen, war die Sippe nach Vorarlberg gekommen, später in die Schweiz.

Die Familie überlebte den Krieg in der Internierung, nicht eingekerkert, nicht misshandelt, aber überwacht von schweizerischen Soldaten und Unteroffizieren. Nicht gerade schlecht behandelt, doch getrennt: die Frauen als Erntehelferinnen und Arbeiterinnen einer Konservenfabrik in der Ostschweiz festgehalten, die Männer in der Innerschweiz beim Straßenbau. Himms Vater konnte später auf ihren Tourneen noch genau bezeichnen, an welchen Bachverbauungen, Brücken, abgestützten Steilhängen sie damals gearbeitet hatten.

Hochmastartisten. Nach dem Krieg, im Hitzesommer 1947, ragten ihre schlanken Masten wieder in den Himmel, im Baselbiet, im Aargau, im Zürcher Land, der Ostschweiz. Fahrende Künstler waren das, beschnauzte Männer aus der Spezies der kettensprengenden Zampanos. Auffahrende, forsche Frauenzimmer, eine Sippe von Unabhängigen. Sie waren da und nicht da, bewundert für Mut und Kraft, aber nicht einzuordnen in die große Bewegung, die in der Nachkriegszeit alle in diesem Land erfasst hatte: den Aufbruch zum Wohlstand. Sie blieben auch in der Hochkonjunktur die Außenseiter.

Sie kamen mit dem Traktor und einem Langholzanhänger, auf dem drei entrindete Baumstämmchen als schmales Bündel lagen. Sie rammten am Dorfrand auf einer Wiese drei schlanke Fichtenstämme in den Boden, mit dünnen Stahlseilen am Schaft gesichert und im Boden verankert. Erinnert Himlicek sich richtig, wenn er glaubt, einer der drei Fichtenstämme sei kürzer gewesen als die beiden anderen? Oder nur schmaler?

An der Spitze der Stämme war eine Art Stahlkorb befestigt. Ein vom Korb herunterbaumelndes Tau half den Artisten beim Klettern, beim behänden Ersteigen ihres Arbeitsplatzes in schwindelnder Höhe. Federnd klommen die leichten Männer zu ihrem Korb hinauf, Muskeln spielten an ihren Armen, die aus den schwarzweiß gestreiften armlangen Leibchen hervortraten, während unten die Leute die Hälse reckten, mit offenem Mund.

Die Künstler versetzten die Stämme in leises Schwanken, in ein rhythmisches Hin und Her, verstärkten das Schwanken, entfernten sich voneinander, kamen sich näher, so nahe, dass eine Hand, Berührung suchend, die des anderen traf, sich löste, dann sich – hepp! – mit der andern verschränkte und so dem Partner in den eigenen Korb herübernahm.

Zwei Männer, dann kam ein Mädchen dazu, drei Artisten vor dem Himmel, dem Boden enthoben und, wenn sie dann einen Augenblick rittlings auf ihrem Hochsitz saßen, auf eine Schar von Gaffern hinabsehend, die die Hälse nach oben reckten. Noch immer dabei der alte Dědeček, der Fänger, ein sehniger kleiner Siebzigjähriger, neben ihm Himms Vater und das Mädchen, von dem er nicht mehr weiß, woher sie gekommen war. Lorena hieß sie, später eine Weile berühmt als Schlangenfrau im Circus Nock, dann verschollen, oder einfach nur alt geworden.

Still schwankend oben die Männer – unten Himliceks Mutter mit ihrem Hut unter dem Publikum unterwegs, als Clownin kostümiert, rote Nase, wimpernaufschlagende Kinderaugen. Sie schüttelte die Münzen im Hut, ließ das Kleingeld rasseln; sie ließ es in ihre Hand gleiten, steckte das Geld in ihre weite Hosentasche, Fünfräppler, Zehnräppler, manchmal Zwanziger oder ein Fünfziger, selten ein oder zwei Franken. Sie warf den Hut in die Luft und fing ihn mit der Hand hinter ihrem Rücken wieder auf. Mit der Mutter trippelte die Ziege Maya, die als Dank für einen Obolus meckern konnte, vorausgesetzt, die Mutter hatte ihr heimlich einen Tritt gegeben.

Es war die Zeit der Dicken Berta, deren ungeheure Schenkel eine rätselhafte Botschaft sandten, die Himlicek niemals vergessen kann. Es war die Zeit, als feuerspeiende Motorräder auf dünnem Drahtseil über den Rheinfall fuhren, Pygmäen im Zoo lebten und »Liliputaner« im Zirkus, die Zeit der Fliegenden Männer und Trapezkünstler, der Schlangenfrauen, die sich scheinbar schmerzlos verrenkten und ihre Gliedmaßen verknoteten, die Zeit, als ein kleiner lederbewamster Mann mit einer ledernen Fliegermütze und dicker Fliegerbrille sich als Ball, als lebende Kugel aus einer Kanone schießen ließ. Es war die Zeit, als Riesenwale mit Formalin haltbar gemacht auf Eisenbahnwagen durch das Land gefahren und ausgestellt wurden; sie hießen Jonas, Herkules und Goliath.

Jedoch, die Hochmastartisten, in der angespannten Stille ihres Schwankens, ihres knappen, hellen *Hepp,* wenn sie die Plätze tauschten, ihrer schwindelnden Entrücktheit, ihrer Einsamkeit über den Köpfen der Gaffer und Tölpel, das war in gewisser Weise etwas Äußerstes.

Und dazu das Hochmastsitzen. Wenn der Vater, allein, es tage- und nächtelang dort oben aushielt, eine Woche vielleicht, oder mehr – wie hatte der sich ernährt, wie hatte der seine Bedürfnisse befriedigt? –, dann war die *Sensation,* die das gelbrote Riesenplakat am Rand der Wiese mit neun großen Buchstaben und drei Ausrufezeichen angekündigt hatte, perfekt. Die letzten späten Gäste, die aus dem »Löwen« kamen, machten sich einen Spaß daraus, auf der Wiese nachzusehen, ob der Mann tatsächlich immer noch dort oben saß. Sie sahen ein dunkles Bündel, vielleicht eine kauernde Figur in dem Korb, die sich kaum gegen den dunklen Himmel abhob, wie ein in sich versunkener Eremit mit dunkel aufstehender Kapuze. Der Milchmann hingegen schwor, wenn er nach seiner frühen Runde um halb zwölf mittags wieder in der Gaststube saß, er habe gesehen, wie der Mann im Morgengrauen dort oben seine Freiübungen gemacht habe, ihr glaubt es nicht, Handstand auf einer Hand. Und nur die langen weißen Hosen und ein gestreiftes Leibchen hatte der an.

Spektakel, und Einsamkeit. Leise schwankend die Masten mit ihren Männern in der leichten Brise des Mittellandes am Nachmittag, wenn keiner zusah und der Verkehr auf der Landstraße ungerührt vorbeifloss, Hitzkirch im Sommer, Stallikon, Sissach. Und im Winter? Im Herbst zogen sie fort, ein Traktor, der Wagen mit den Masten, die Familie auf dem Wagen, in Mäntel, Tücher, Schals gehüllt, so zogen sie auf eine Brache oder Lichtung irgendwo, an einem Fluss, unsichtbar für das nahe Dorf. Oder manchmal zurück nach Nordosten, nach Vorarlberg, einem Landstrich zwischen drei Ländern, von dem man nicht zu wissen brauchte, was für ein Pass dort galt.

Die Hochkonjunktur wurde das Grab der *Drei Himliceks*. Auf der roten Banderole, die den Platz notdürftig umgab, hatte man das immer schon gelesen: *Unwiderruflich letzte Vorstellungen.* Was als Werbetrick gedacht gewesen war, wurde zur Ankündigung ihres eigenen Untergangs.

Das Aus für alle kettensprengenden Zampanos, die Dicke Berta, die Fliegenden Männer, die Lebende Kugel. Ganz ohne Verfolgung verschwanden die Fahrenden, die Schausteller. In der neuen Gesellschaft hatten diese Menschen keinen Platz. Sie waren nur schön, jedoch in keiner Weise effizient gewesen. Ihre Siebensachen verschwanden oder kamen ins Museum.

Die Anlagen der Großeltern lenken das Schicksal der Enkel. Markéta, die hinter dem Eisernen Vorhang zurückgeblieben war, bestimmte über Himm. Ihre DNA schickte ihn zu den Büchern, machte zum Ausgleich das Café zu seinem Rückzugsort, den Platz hinter dem Schreibtisch aber zu seinem Aufenthalt. Und zauberte mit ihm einen Pianisten, der niemals Klavierspielen lernte.

Vom Dĕdeček aber erbte er, dass er es hinter dem Schreibtisch nicht aushielt. Die Neugier. Den Wunderfitz. Dass er eine Sehnsucht nach dem anderen hatte, also nach dem, was vor seinem Fenster und hinter der nächsten Wegbiegung war. Und dass er sich dort draußen gern von den anderen absetzte, noch so gern.

Als Sachbuchlektor in einem mittelgroßen Verlag interessiert sich Himlicek viele Jahre lang für die ihm vorgelegten Manuskripte, vor den literarischen Autoren nimmt er sich eher in Acht. Das heißt, nein: er meidet sie. Die Dichter überlässt er den Kollegen. Diese wiederum lächeln über einen Sachbuchlektor, der sich lieber an Fakten als an Ideen hält. *Sfumature* nennt Himm das, was jene produzieren, Wolkengebilde. Wenn dennoch etwas an den literarischen Sachen merkenswert ist, weil es eine Botschaft hat, sammelt er es für sich in einer Kladde, die er mit *Correspondenzen* betitelt hat, seine Schubladenbibliothek. Niemand soll das anrühren.

Er schiebt die schwer gehende Schublade seines Schreibtischs aus Eichenholz zu, krachend, und dreht den Schlüssel, lässt diesen aber stecken. *Ein Haus, das man verschließen muss, ist nicht sicher.* Das hat er von den alten Chinesen gelernt.

Die gesammelten Sätze und Satzgruppen haben unter sich keinen klar sichtbaren Zusammenhang. Vielleicht einen musikalischen? Einen olfaktorischen? Haben sie einen Geruch, sind sie ein Konzert von Gerüchen, eine Klangwolke, ein *Cluster,* den Himm wie einer, der breit in die Tasten greift und mit den Armen drauf liegen bleibt, zu erschaffen versucht?

In seinem kleinen, mit Regalen verstellten Büroraum mit dem schmalen, quer liegenden Fenster weit oben in der Wand, kam er sich vor wie ein Secretarius in einem Roman des 19. Jahrhunderts. In ein unterseeisches Kontor versenkt. Zwei Kollegen waren auch noch da, in raschelnder und räuspernder Gegenwart.

Gebeugt über die Manuskripte von Wissenschaftsautoren, über ihre spiralnebelartigen Sätze, in denen das Wissen, aus entfernten Galaxien kommend, ihren Autoren nicht selten die Sprache verschlug, in der ihre Forschung untergebracht werden sollte. Hochkomplexe Dinge in einfacher Sprache, was für eine Aufgabe! Da kollidierten Erkenntnis, Wissen und Sprache oft unheilvoll. Es gab semantische Massen-Karambolagen, sprachliche Blasenbildung mit anschließender Implosion, grammatische Girlanden, in denen sich der Stoff und die Unfähigkeit des Autors, ihn zu formulieren, überwarfen und ineinander verhedderten.

Oft musste Himm das alles erst auseinandernehmen und als Einzelteile vor sich auslegen, wie damals die Einzelteile des Fahrrads seines Vaters. Mühselig war es, das am Ende zu einem lesbaren Text zusammenzustricken. Während er auf die Sätze dieser zwischen Weltformeln und falschen Wortformen oszillierenden Sachprosa starrte und sie zu entwirren versuchte, griff er nicht selten zum äußersten Mittel: Er suchte sich einen neuen Tag aus und setzte sich hin und begann von vorne.

Die Erfahrung hatte ihn gelehrt, dass es viel schwieriger war, einen entgleisten Satz zu korrigieren, als ihn gleich neu zu denken und zu konstruieren.

Nach einigen Jahren, immer gebückt über den Papieren der anderen, weigerte er sich, weiter persönlich mit ihnen zu reden. Dafür gab es Assistenten. Aber er fuhr damit fort, ihre Manuskripte zu entwirren, für die anderen klarer zu denken und mit ein bisschen Glanz für sie zu formulieren. Sie kriegten dann die Sigmund-Freud-Medaille, er war im Keller; er war ihr Sisyphus, einer, der im Dunkeln schuftet. Wie jener betrachtete er sich als einen glücklichen Menschen; er war dem Ehrgeiz, im Licht zu stehen, entronnen.

Was machen die Pünktchen? Die Neugier war geblieben, die schon. Als sei sie ein Organ, ein Teil seines Körpers.

Die Kündigung seiner Stelle bei Huber & Leon wird immer wieder hinausgeschoben, jedoch eine vorzeitige Pensionierung heimlich mit sich selbst vereinbart. Dann wird Himm tatsächlich frühpensioniert. Huber & Leon machen dicht. Allgemeine Krise des Verlags- und des Buchwesens. Das Imprint H&L wird in einem großen Wissenschaftsverlag vorderhand weitergeführt.

Abgewickelt und grade erst sechzig geworden, ist Himm zu jung fürs Alter. Flaneur, das hat ihm doch einmal vorgeschwebt als Lebensfigur. Damals, als es ihn hinter einen Schreibtisch verschlug. Als der Dědeček rief, und nicht gehört wurde.

Himlicek steht vor dem Schaufenster, hinter dem ein mächtiger schwarzer Konzertflügel steht. Hätte er bloß Klavierspielen gelernt! Der Flügel ruht in sich selbst, schweigsam, wie eine stumme Aufforderung. Und ist plötzlich ein *objet du désir*. Viel zu mächtig, unangemessen für ihn; warum schaut er das Monster so lange an? Als hätte er ein Zimmer, als hätte er eine Wohnung mit ihm teilen wollen. *Mein Flügel und ich. Nur wir zwei.* Die schwarz schimmernde Lackoberfläche des Flügels, und die Hand, die versonnen darüberstreicht.

Ein Flügel sei ein Ding, schreibt ihm dann seine Freundin Sophie-Charlotte aus New York, welches ein *Ding* sei und sich gleichzeitig über die Dinge aufschwinge. Unklar bleibt für Himm, welche Art Flügel Sophie-Charlotte meint. Beide sind Dinge, dieser und jener Flügel, die ihren Namen nicht zufällig gemeinsam haben, und beide erheben sich über die Dinge, ja, sie lassen diese weit unter sich.

———————————————————————————

HAMMERSTIEL, schreibt Himm auf ein Blatt Papier, *Telefonhörer,* auch *Telefonzelle. Schreibmaschine.* Die umständlich aufgefaltete *Landkarte.* Manchmal schien es, als seien die Dinge schon doppelt verschwunden, zuerst die materiellen, und dann die metaphorischen: Hammer und Sichel. Bei den Freimaurern erinnern Werkzeuge an Dinge, welche diese Herren schon lange nicht mehr tun.

Himliceks Onkel, ein entfernter Nachfahre der Hochmastartisten, einer mit dem Gen der Fahrenden, die man nicht in ein Zimmer im Mietshaus bringen kann, Wenzel, der in seiner klapprigen Klause auf der Brache hinter dem Bahnhof wie ein vergeistigter Clochard lebt, hat den griechischen Götterhimmel im Kopf und vor sich die immer gleiche Suppe auf einem Ofen, der von seinem Hersteller auf den Namen Prometheus getauft worden war. PROMETHEUS, davor und dahinter das Schweizerkreuz, die Zeichen standen als Gusseisen-Relief auf der Feuertür.

Der Ofen wie der Onkel selbst sind sogenannte Auslaufmodelle. Ein neuer Ofen, wenn es den gibt, wird CALDOR heißen, im schlechteren Fall auch HEATHOT. Prometheus! Der mythologische Bezug zum Feuer ist mit dem Ofen in eine virtuelle Welt namens *Eswareinmal* verzischt.

Prometheus, sinniert Himm: wer weiß heute fünf Minuten nach dem Abitur noch, wer das gewesen ist? Für Onkel Wenzel ist der an den Felsen gefesselte Menschenkneter eine Konstante in seinem mythenbefeuerten Universum gewesen: hinter den sieben Geleisen hat der in seiner Hütte an Schnüren seine Fotokopien antiker Skulpturen aufgehängt: einen Kosmos, den es seit zweitausend Jahren nicht mehr gibt und der in seiner Baracke überlebt.

Die neuen Zeichen der Gruppenzugehörigkeit (und des Herkommens) sind abstrakt, dafür weltenverbindend. Die Silhouette eines angebissenen Apfels genügt, um zu zeigen, dass man zum Weltdorf gehört. Jeder Schüler kann auf Anhieb fünf abstrakte Logos von Handyherstellern aufzeichnen.

Die Jungen haben keine Landkarten mehr, sondern Apps. Und selbstverständlich ist auch das Notizbuch verschwunden. Mit dem Notizbuch verschwand der Bleistift. Vorübergehend. Das Notizbuch kam dann als Surrogat wieder zur Welt, mit dem Namen MOLESKINE als nostalgischem Markenzeichen. In Wirklichkeit benutzt das teure Ding niemand zum Aufschreiben, das Notizbuch ist vom Werkzeug zum Geschenk, Mitbringsel, Gadget mutiert. *Gadget* ist ohnehin das Schlüsselwort für das dingliche Umfeld aller *Nerds,* und diese wiederum sind ja nun, als wären sie geklont, die kohärenteste Bevölkerungsgruppe im Westen. Zum Merken braucht es doch kein Notizbuch mehr. Und so werden ihre SMS, wenn sie überhaupt noch etwas notieren, mitsamt all den Myriaden digitaler Fotos, die sie mit ihrem Smartphone machen und sogleich an alle möglichen Empfänger verschicken, allesamt in den Orkus fahren.

Wo sie auch hingehören, denkt Himlicek. Automatisch fährt seine Hand in die rechte Jackentasche. Ja, es ist noch da, das Notizbuch, das blaue mit dem Gummi drum herum und der Lasche für den Bleistift. Da, sein Zeigefinger spürt den Stift –

Für Himlicek hat das Wort »smart« immer schon einen billigen Klang gehabt, ähnlich wie »Schnäppchen«; schlimmer »Gadget«, das Wort, in dem drinsteht, wie überflüssig der Gegenstand ist, den es bezeichnet.

Bleistift, Hammerstiel, Telefonhörer, Griffstange, ein Hebel – diese Dinge sind zum Anfassen gewesen. Erst hatte der Hebel dem Knopf zu weichen, dann dieser der Sprachsteuerung. Das praktische Leben, und die Verpflichtungen gegenüber den Dingen, die es zu bedienen galt, wird durch einen Sensor ersetzt. Der Sensor, der Begriff sagt es, fühlt für dich (aber auch anstelle von dir), und der Sensor, der dir noch ein Zeichen gab, weicht nun dem Sensor im intelligenten Netz, das ohne dein Zutun dafür sorgt, dass die Wohnung gestaubsaugt ist und warm sein wird, wenn du nach Hause kommst. Was das heißt, hat die Kreditkarte schon vorgemacht: du wirst lückenlos überwacht, überprüft, transparent gemacht. Es scheint, als würden wir vom Subjekt unseres Lebens zum Objekt einer lebensoptimierenden Fernsteuerung.

Das wissen wir doch, sagt man Himlicek. Der nickt. Er kann sich nicht klar ausdrücken.

Ihm geht es um einen Verlust. Um den Abschied von den Dingen. Das Adieu von einer Welt, die zum Anfassen war. Es geht ihm um das Gedächtnis der Hand.

Die Hand entwickelt grad in einer rasend schnellen evolutionären Anpassung einen neuen Daumen, einen, der für die Tastatur des Smartphones geeigneter ist als der genetisch gewachsene. Daumen hieß greifen können, vgl. Darwin. Das Greifenkönnen war einmal die Voraussetzung für den Abschied vom Affenwesen und für den Gebrauch des Werkzeugs, der Weg zum Hammer, zur Töpferscheibe, für den Webstuhl und das Ausführen von Schrift mit dem Griffel, der Feder, dem Stift; dem Typenhebel.

Das Greifen, denkt Himm, war mit den Dingen so verbunden wie die Zärtlichkeit für sie –

»We like things more the longer we like them.« Als der Lehrer, der er niemals hätte werden wollen, hätte Himm befohlen: Dreimal abschreiben!

Ein Buch ist nicht nur ein Träger von Buchstaben, die richtig nacheinander gelesen einen Sinn ergeben, also *message* – es ist zunächst ein Gegenstand, den man gern anfasst. Vielleicht ist ein Bildschirm effizienter für das Übermitteln von *message,* aber das Buch war mehrdimensional: taktiler Gegenstand und abstrakte Erzählung, also Geist.

Was die Digitalisierung unterscheidet von früheren Entwicklungen – und es gibt Grund dafür, diese Veränderung einen Umsturz zu nennen –, ist dies: dass eine einzelne Technologie sich anschickt, eine riesige Zahl bisheriger Technologien zu verschlingen, von Papier oder Zelluloid zu Uhren, Landkarten, Zeitungen, Radioempfängern, Fotoapparaten, Telefonen und Lesesälen.

»Was verloren geht, ist die Dreidimensionalität gewisser Erfahrungen: Hörbarkeit – Sichtbarkeit – Berührbarkeit.« Berührbarkeit! Das hat Himm beim Blättern in der Zeitung gelesen.

Die analoge Welt werde das Schicksal der Schreibmaschine und des Milchmanns ereilen – und wir würden beginnen, die *Dinge* zu vermissen.

Die *Hand* wird sie vermissen, sagt Himm.

Amazon verschickt für 4 Euro 99 fünf kleine Steine, sogenannte »Handschmeichler«, Gegenstände, die jeder selbst am Wegrand auflesen könnte: den runden Kiesel oder die Kastanie ... Aber darauf kommt man nicht mehr, wo alles Surrogat geworden ist, glamouröses Teufelszeug, nämlich *Ersatz.* Der Hand fehlt etwas, was der Kopf nicht benennen kann, der Kopf kann es nicht mehr finden im Archiv seiner Erfahrung. Es ist ja auch nur ein *Gefühl,* das fehlt, und das Ersatz-Ding soll es nun liefern. Der englische Ausdruck *worry stone* bringt's auf den Punkt: ein *Kummer-Linderer,* der das Abwesende ersetzt.

Das gute alte Gomboloi, das die Griechen sich durch die Hand laufen ließen ... wie einen Rosenkranz. Doch nicht als Gebetshilfe oder als Tröster, sondern zum spielerischen Vergnügen der Hand.

Die Hand ist am nächsten bei den Dingen –

näher als das Auge und näher als alles andere, womit wir »begreifen«,

und der Hand fehlt immer mehr, was einst ihre Hauptsache war: Berührung.

31

Jetzt ist diese so ungewohnt, dass sie besser vermieden wird.

Man sieht, wie einer den Mantelsaum unter sich zieht, wenn sich in der Straßenbahn jemand neben ihn setzt, und wie er enger rückt.

Nur keine Berührung!

Dafür umarmt man sich neuerdings bei jeder Begegnung. Die Männer holen damit etwas nach, einen Mangel. Wo man so wenig mehr da ist, muss man sich seinen Rest an Vorhandensein bestätigen, wie in einem Ritual.

Dafür boomen die Tierhandlungen. Im Supermarkt nimmt die Abteilung für Tierfutter aller Art immer mehr Raum ein. Eigentliche Tierfutter- und Zubehörzentren entstehen, *Pet Centers* und Kettenläden wie vor hundert Jahren bei den Lebensmitteln. Dann die Tierfutterregale in den Lebensmittelläden. Damit geht einher, dass die Ansprüche ans Tierfutter mit denen an Menschennahrung konvergieren. Die Katze soll mindestens so fein dinieren wie Mademoiselle. *Sheeba,* mit Kerzenlicht. Und für den Hund *Royal Canin.*

Es geht zuallererst um Berührung. Wer möchte nicht ein Häschen in Händen fühlen, wer wünschte sich nicht einmal ein Meerschweinchen? Wer möchte nicht über die Nase eines kleinen Hundes streichen, über Kopf und Rücken einer Katze?

Streichen, und streicheln. Die Hand hat *Durst.* Einen *Saudurst;* sie ist am Vertrocknen. Umklammert in Panik ein Smartphone, den Fetisch.

Streicheln, sagt die Hand, immer nur streicheln. Streicheln, um vielleicht auch wieder einmal gestreichelt zu werden. Die Hand fährt wie von selbst über das Fell des Hundes, auch und gerade die Hand des Hundelosen, der dem Hundehalter zufällig begegnet. Er fragt mit einem Blick um Erlaubnis, und schon fährt seine Hand zum Hund. Seine bange Frage: Beißt er nicht?, ist wie der Wunsch nach Gegenseitigkeit, einer Freundschaft, die lange dauern soll, länger als die

Begegnung, die gleich wieder zu Ende ist. Der Hundehalter führt an der Leine, was dem anderen zu fehlen scheint.

Die Hand nähert sich, streicht automatisch über die Katze. Wenn diese schnurrt, zum Einverständnis, dass sie nicht kratzen wird, dann hätte diese Hand niemals woanders sein mögen. Das Kaninchen wird an die Wange gehoben, da so lange niemand anderer dort war. Die Wange soll der Hand sagen, dass sie recht hat. Die Wange bebt vor Mangel. Aber auch die Hand, die sich beschaffen muss, was ihr immer mehr fehlt.

Handschuhe, übrigens, sind so *démodé* wie das Wort selbst: also *Mega-out*. Im Film wirken Handschuhe, wie Himlicek kürzlich sah, wie ein *Zitat*. Das wenige, was es noch zu fassen gibt, werden wir uns doch nicht durch Handschuhe wegnehmen lassen ...

Samt –

Holz –

Eisen –

Leder.

Das Steuerrad.

Und: Haut.

Ja, man umarmt sich immer mehr, aber man berührt sich immer weniger.

Die geheimsten Archive im Gedächtnis der Hand liegen in den Fingerspitzen; eine ganze Videothek kann nicht ersetzen, was Mittel- und Ringfinger, der Zeigefinger, diese Kundschafter der Liebe, einst er-fuhren ...

Haut.

Also die tiefste aller Oberflächen.

Das Alter kennt sich aus in der Nostalgie der Haut. Ja, eigentlich erst im Alter beginnt man die Berührung zu schätzen – dann, wenn man sie vermisst.

Haut, da hören für das Gedächtnis der Hand die Dinge auf und fängt das Wesen an; aber die Hand braucht beides, die Liebe und das Wesen der Dinge.

Schau, dieses kleine Mädchen hier, das weiß das schon, wenn es die Puppe überallhin mitnimmt, auch in ihr Bett. Die Puppe, im Übergang vom Ding zum Wesen.

————————————————————————————

NACH DEM KLINGELN bleibt alles still. Himlicek steht draußen, im gleißenden Licht. Dann schleifende Schritte. Die Tür öffnet sich einen Spalt. Vor dem Dunkel dahinter steht ein kleiner Mann. Der hält die Hand über die Augen und versucht, gegen das flutende Licht zu erkennen, wer vor ihm steht. Dann öffnet er die Tür ganz.

Alvaro. Schön, dass er heute da ist. Als er die Tür zuzieht, die Farben draußen löscht, das italienische Licht, ist es dämmrig im Entrée des Weinguts.

»Voi un bicchiere?«

Himlicek sagt: Heute ja. Ja, gern.

Es ist kühl im Haus, kellerkühl. Himm geht hinter dem kleinen Mann um ein paar Ecken einen langen Korridor entlang. Der Mann schlenkert beim Gehen mit den Armen. Es riecht säuerlich.

Im Raum mit den langen Tischen und hochliegenden Fenstern ist es so dunkel, dass man hätte ein Licht anzünden könnten. Aber das Auge hat sich schon gewöhnt.

Alvaro sucht auf der Anrichte unter den verschiedenen Flaschen eine bestimmte. Er nimmt aus dem Schrank zwei langstielige Gläser, hält sie gegen das Licht und stellt sie auf den Tisch.

»Das letzte Mal rochen deine Gläser nach Javel, Alvaro, erinnerst du dich?«, fragt Himm.

Alvaro grinst.

»Das war wegen der Putzfrau«, sagt er. »Diesmal ist keine Putzfrau da gewesen.«

Auch bei mir, denkt Himm, sind an allem immer die andern schuld. Alvaro schenkt ein. Er bedeckt nur den Boden des Glases mit Wein, hält das Glas gegen das Fenster, steckt die Nase ins Glas. Das Licht, das auf seine Wangen fällt, erinnert Himm daran, dass Alvaros Haut rote Äderchen hat.

»Salute«, sagt er und hält Himm sein Glas entgegen. Der hebt seines. Zwischen den beiden Gläsern bleibt ein Abstand, Platz für Himms Hochachtung für Alvaro.

Sie nehmen einen Schluck.

Es gibt nichts zu sagen. Sie stehen am Schanktisch.

Himlicek fragt Alvaro, ob er wieder einmal in Paris gewesen sei. Er fragt ihn das immer. Ihr beider Heimweh nach Paris mitten im grünen Zentrum Italiens ist etwas, das sie verbindet.

»Attends«, sagt Alvaro. »Je te fais voir quelque chose.«

Er geht zum Gläserschrank, zieht eine Schublade auf, entnimmt ihr einen Faltplan. Himlicek liest: Plan du Cimetière du Père-Lachaise. Alvaro faltet ihn auf, auf dem Tisch, wo die Gläser stehen.

»Ich habe meine alten Freunde besucht«, sagt er. »Sie wohnen alle nah beisammen.« Er dreht die Karte auf den Kopf. Himm kann die Schrift nicht mehr lesen.

»Hier, da, im Norden, da ist auch Edith Piaf.«

Alvaro schaut Himm an. Er lächelt.

»Le moineau«, sagt er, er hat sich einen italienischen Akzent in seinem Französisch erhalten, »der Spatz von Paris.«

Alvaro ist ein sanfter, ein scheuer Mann. Untersetzt, und sehr zart. Wenn er lächelt, geht der größere Teil seines Lächelns in ihn hinein. Das Wort Kobold käme ihm nahe, wäre aber für ihn eine Nuance zu grob. Man müsste ein Wort finden, das den Schatten großer Bäume in einem hellen Garten beschreibt.

Alvaro ist für eine Revolution verantwortlich. Man sagt, er sei es gewesen, der 1985 mit einem önologischen Handstreich die Weinlandschaft um Montefalco verändert habe, indem er aus der autochthonen, widerspenstigen Rotweinsorte Sagrantino einen Vino da tavola zähmte. Inzwischen nehmen andere, die an jener Revolution gut verdienen, das Verdienst für sich in Anspruch. Verdient hat Alvaro gewiss nicht besonders viel, aber seine Leistung wurde bemerkt, zum Beispiel von einem jener Briten, die sich mangels eigener Weine zu Spezialisten des Kontinents entwickelt haben. *Worlds leading authority on Italian wines* sei Burton Anderson, Autor des Standardwerks *Italian Wines*.

Anderson schreibt über Alvaro Palini: »Der agile Alvaro verstand es, der Gewalt dieser geheimnisvollen Traube die Stirn zu bieten, indem er den Ertrag verringerte und neue Techniken verwendete, um dadurch ein besseres Gleichgewicht zwischen Frucht, Gerbstoffen und Säure zu erreichen. Ein Wein, der nach sanftem Reifen im Eichenfass elegant wird durch das Lagern in der Flasche.«

Auch Weinfachleute kochen, wenn sie schreiben, mit Wasser, wie man sieht. Die Geschichte mit dem Gleichgewicht würde auch einer weniger großen Autorität einfallen. Sie plustern sich gern auf, die sogenannten Weinkenner, die sich von den bloßen Trinkern absetzen müssen. Als Himm das letzte Mal bei Alvaro war, hatte er über den Sagrantino sogar, vielleicht auch nur um Himlicek einen Gefallen zu tun, die Nase gerümpft. »Cabernet«, sagte er, »Merlot.«

Der wirkliche Punkt ist, Alvaro ist kein ausgebildeter Önologe. Er ist durch die Praxis einer geworden. Aber als er zurück kam nach Bevagna, hatte er achtzehn Jahre als Schneider für die Haute Couture gearbeitet.

In Paris.

Ja, auch Alvaro ist einmal ein Emigrant gewesen. Sein Land, das nach der Jahrtausendwende mit einer massiven Immigration vom afrikanischen Kontinent her konfrontiert wird, ist selbst über hundert Jahre Schauplatz eines Exodus von Millionen und Abermillionen gewesen.

Man kennt die Bilder von den großen Schiffen, auf denen sie Plattform über Plattform an der Reling stehen, winken, weinen. Die Fotos aus den Zügen, die der schlafenden Arbeiter auf dem Weg in den Norden. Die Koffer, die Bahnhöfe, die Baracken. Sie gingen nach Nordamerika, nach Argentinien, nach Deutschland, Frankreich, in die Schweiz. Allein in diesem kleinen Land sollen während weniger Jahrzehnte, zwischen dem Ende des Zweiten Weltkriegs und dem Jahr 2000, vier Millionen ein- und vorbeigewandert sein. Nicht selten haben die italienischen Immigranten – sei es in Buenos Aires, in Mannheim oder in Zürich – das Bild der Städte mitsamt ihrem Alltag nachhaltig verändert. Nämlich mit Eisdielen und Ristoranti, mit Weinhandlungen und Marktständen, mit Mode und Design und mit einem anderen, leichtfüßigeren Savoir-vivre.

Sie flohen vor dem Hunger, der Armut aus Kalabrien, Sizilien, Apulien, aber auch aus dem Friaul und dem Veneto. Ein Foto von einer Baustelle im Tessin, im Valle Verzasca, zeigt eine zwanzigköpfige umbrische Gruppe oder Sippe aus dem abgelegenen Tal in der Gegend von Gualdo Tadino. Umbrer, wie Alvaro einer ist. Einer macht hinter dem Kopf des anderen das Zeichen für den Esel, zwei rauchen, zwei andere setzen die Bierflaschen an: die *fröhlichen Italiener* machen für den Fotografen den fröhlichen Italiener. Sie wollen auffallen, vielleicht weil sie so leicht vergessen gehen.

Milena, die Inhaberin des Eisenwarengeschäfts in Bastardo, ist in Wädenswil am Zürichsee geboren; der Tankwart von Ponte di Ferro hat in der Migros in Thalwil gearbeitet. Dieser war in Dortmund, jener in Stuttgart. Und Alvaro aus Bevagna ist in Paris gewesen.

Alvaro nestelt an seinem Gürtel und öffnet oben den Hosenbund, dreht den Bund nach außen. Er zeigt sein Berufswerkzeug.

»Tu vois?«

Im Gürtel stecken zwei Nähnadeln, *les aiguilles,* zwei Nadeln, die ein Schneider, sagt Alvaro, immer bei sich trägt.

37

Alvaro grinst.

Himliceks Hirn macht eine Überblendung, und er sieht Alvaro im Schneidersitz auf dem hohen Tisch, an dem sie den Wein probieren.

Levallois, sagt Alvaro. In der stadtnahen Banlieue unweit von Clichy hat er gewohnt.

Wieder seine italienische Art, das Wort *Banlieue* auszusprechen. Jedes Wort Französisch ist von dort nach hier mitgekommen, ein Stück gelebtes Leben. Und wenn man es ausspricht, führt es einen wieder zurück dahin, wo man einmal gewesen ist.

Oui, sagt Alvaro, *Paris.*

Es gibt nicht viel zu sagen. Himm redet mit Alvaro immer um das Gleiche herum.

Alvaro sagt: Er hatte dort eine Freundschaft mit einem Spengler, einem *Plombier,* sagt er. *Qui si dice idraulico.* Hie und da trank man zusammen ein Glas, nach Feierabend. Jeden Morgen brachte Alvaro, der Frühaufsteher, dem andern die Zeitung von der Straße mit. Der Freund wohnte einen Stock höher; er kam herunter, holte sich die Zeitung, sagte ein Wort oder keins, sagt Alvaro, und man ging an die Arbeit.

Alvaro wusste, dass der andere krank war. Krebs, wenn Himlicek richtig verstanden hat.

Eines Tages kam der nicht herunter. Am Abend vorher war man noch einen Moment ins Café gegangen, zum Apéritif.

Alvaro stieg die Treppe hoch. Der Schlüssel steckte von außen. Alvaro ging durch den Korridor. Im Schlafzimmer lag der Freund, ruhig, sauber, tot. Er hatte sich durch die Brust geschossen. Er hatte sich dabei ein Kissen auf die Einschussstelle gehalten.

Auf dem Tisch lagen aufgereiht ein paar Louisdor für die Schwester. Alvaro sagte *Louisdor.* Daneben ein paar Bleikügelchen für Alvaro, der das Metall hie und da zum Beschweren von seinen Säumen erbeten hatte.

Kein Abschiedsbrief. Immerhin ein Zettel.

Auf dem Zettel stand sein letzter Wunsch: Man solle ihn in seiner Sonntagslatzhose begraben. Darum hatte er beim Abdrücken seines Revolvers das Kissen davorgehalten.

Die Sache ist die gewesen, sagt Alvaro: Ich hatte ihm auf seinen Wunsch eine Latzhose aus feinem Stoff geschneidert. Werktags hatte er das blaue Überkleid an. Sonntags trug er die Salopette aus Kammgarn.

Eh, oui, sagt Alvaro. *On l'a enterré comme ça.*

Auch diesen Freund besucht er wohl auf dem Père-Lachaise.

Noch sind wir da. *Ancora campiamo,* sagt Alvaro lächelnd, mit diesem Lieblingsverb der Umbrer, »campare«, Stellvertreter eines ganzen Wortfeldes, das über »Leben«, »da sein«, »existieren«, »eine Zeit fristen«, »das Leben fristen«, »sich durchschlagen«, »so dahinleben« bis zu »vorderhand noch da sein« reicht.

Ein Wort, welches das Jetzt ausdrücklich einschließt: jetzt, wo wir am Leben sind. *Jetzt* leben wir. Und: jetzt *leben* wir.

Ancora campiamo.

Es ist, aus Alvaros Mund, eine beruhigende Feststellung, eine Art Versprechen. *On verra,* sagt er.

Und doch beinhalten diese zwei Wörter eine Frist und ein Datum, den Tag, an dem es, zuerst den einen, dann beide nicht mehr geben wird.

Eh oui.

Wir sehen dem gelassen entgegen.

Ciao, Alvaro!

No, sagt Alvaro, *mai dire ciao. A rivederci!*

———————————————————————

VON EINEM TOTEN JUNGGESELLEN, sagt man Himlicek, von einem, der seiner Zeit nicht angehören mochte, von einem Fleischberg, dem Leichnam, der in einer Badewanne zurückgeblieben war und sie ausfüllte bis auf eine dünne Hülle

39

von kalt gewordenem Wasser, habe immerhin das Gedenken an eine Figur aus einer anderen Welt überlebt.

In seinem Badezimmer, er habe sie im lokalen Jargon seine Badstube genannt, seien, wie Strandgut, die mit seiner Zeit untergehenden Dinge zurückgeblieben, tausendundeins. Allerlei Heizkörper, Strahler, Föne, Fönkämme, Bettflaschen aus Gummi und Messing, Badetücher in Hülle und Fülle, Bademäntel, englischer und orientalischer Schnitt, Schlappen, Lederpantoffeln, Hüttenfinken, Gummisandalen, ein Fußmassagebrett. Dampferzeuger, Inhalatoren, Mundwasser, Lockeneisen, Brillantine, Birkenwasser; eine Laterna magica mit farbigen Glasbildchen pornographischer Art; Wimpernklammern, Brennschere, Schnauzbinde, Haarnetz, diverse Scheren und Scherchen, Handspiegel, einer mit rückseitigem Emailmedaillon, eine griechische Schäferszene darstellend, einer mit eingelassenem Vergrößerungsglas, Krawatten, diverse Necessaires, Parfumfläschchen, Mascaradöschen mit Wimpernbürstchen, Zerstäuber mit Troddeln und Gummiball, Parfumfläschchen in Reiselederetui. Krawattennadeln, mit Perlen besetzt, lederne Hausschuhe, Haarfarbe, Schnauzwichse, Hosenträger, Sockenhalter, Kragenknöpfe, ein Suspensorium, Stapel von Seidentüchlein, Schildpattkämme, Bürsten, Haarklammern, Pinzetten. Ein Nasenbad, eine Talkpumpe mit Gummiball, Vaseline, Pillen und Tabletten, Reiseschuhputzzeug, Lippenpomade, Nagelfeilen, Rasierpinsel mit silbernem Seifenbecken, Rasiermesser, Lederband zum Messerschärfen, ein Gilette-Patentrasierer, Klingen, Klingenschleifmaschine. Manschettenknöpfe, Kragenstäbchen, Pipetten, Fieberthermometer, eine Sanduhr und eine Repetieruhr, ein Barometer, ein Hygrometer, ein Blutdruckmesser, Augenbinden, Stützstrümpfe, ein Nierenwärmer aus Kaninchenfell, Wadenbinden, Knieschoner, eine Schachtel voller Heftpflaster, Alaunstifte, Watte, Tupfer, Duschhauben, Rheumaleibchen, ein Bruchband, Pulswärmer aus Angorawolle, haufenweise

Prospekte von medizinischen Geräten. In einem rot gefütterten Futteral zwei silberne Fingerglieder mit Scharnier, ein Kunststofffuß mit Steckanschluss, Nasenklemmen, eine ungeheure Menge von Ohrpfropfen. Bücher, teils Simenon, französisch, aber auch ein zweibändiger *Ratgeber in gesunden und kranken Tagen,* daneben ein anatomischer Atlas, Urinflaschen, Pomaden, Lavendelöl, Nasensalbe, Schuhlöffel mit verziertem Silbergriff, Puderdose mit Puderquaste. Diverse Notizbücher mit Sammlungen aussterbender Wörter, langwierigen Erklärungen dazu, bleistiftschriftlich; Kladden mit Wörtern aus der Familiensprache, in Hulliger-Schrift angeschrieben mit »Oscars Dictionnaire«. Stiefelknechte, Schuhspanner aus Pappelholz in Passform, Schuhbürsten, Poliertücher, Schuhwichse englischer Herkunft, »Properts Saddle Soap«, eine halb aufgebrauchte Flasche Tapir-Lederöl, ein Brusttuchtäschlein, mit Pailletten bestickt, eine Brieftasche, Sonnenbrillen zum Aufstecken und eine mit helldunkel gemasertem Büffelhorngestell; ein Lorgnon, ein Monokel und auch ein Zwicker, schachtelweise Fotos. Eine Menge Koffer auf erhöhten Ablagen, Taschen, Schachteln, ein Zylinder, eine Melone in einer blauweiß gestreiften Hutschachtel, Strohhüte, Kappen, Mützen, sogar Bettmützen. Adressbücher, Restaurantführer, in denen dutzendweise annotierte Rechnungen der jeweiligen Etablissements steckten.

Es scheine, sagt man Himlicek, dass der Mann, obwohl er eine mit Möbeln, Möbelchen, Accessoires, Pflanzengestellen und Nippes über und über zugestellte und mit schweren Vorhängen und großen Ölbildern zugehängte Großwohnung bewohnt hatte, vor allem im Badezimmer gelebt hätte.

––––––––––––––––––––––––––––––––––––––

ABSTURZ DER DINGE aus der Zeit, in der sie ihr Leben hatten. Man müsste nur einen alten *Larousse illustré* oder dergleichen zur Hand nehmen, *Meyers Großes Konversations-Lexikon,* wenn noch eines da ist, am besten die 6. Auflage von 1902–1908, um gewahr zu werden, was schon alles fehlt vom Industriezeitalter. Die sogenannte Postmoderne schreitet zügig voran und macht einiges von dem rückgängig, was noch vor kurzem als Errungenschaft galt. Das große Abräumen hat begonnen, aber mit dem Tand unserer vergorenen Hoffnungen kollert auch mancherlei zu Grabe, das man noch gern ein bisschen gehätschelt hätte.

Zum Beispiel die Suppenschüssel. Bis vor kurzem kannte Himlicek ein letztes Restaurant, in dem für die Tagessuppe eine Suppenschüssel auf den Tisch kam, auch wenn man allein soupierte. In jener alten getäferten Wirtsstube tickte übrigens auch noch eine Wanduhr, die *Schweizerische Wirte-Zeitung* und das *Amtsblatt* hingen an Klammern aus, vor dem Fenster rankte ein Birnenspalier. Inzwischen ist auch dort ein Innenarchitekt tätig geworden: Es gibt jetzt eine Espressomaschine, die den Kafi fertig herstellen muss, einen bunten Keramikboden, Riz Colonial und ein Émincé de veau aux morilles.

Die Suppenschüssel ist verschwunden, mit ihr die Behaglichkeit eines Mittagessens, das mit dem ruhigen Schöpfen von Suppe begann, Brotsuppe zum Beispiel, auch die ist ausgestorben. Man freute sich auf das Schnitzel mit Bohnen und schöpfte derweil noch einen halben Löffel Suppe nach. Aus dem Spinnweb im Keller kam ein kühler Burgunder zum Vorschein, ein sogenannter *Passetoutgrain.*

Es gab übrigens in den Zeiten der Suppenschüssel noch keine Weinkolumnisten, die den Leuten zu sogenanntem *Weinwissen,* den Weinhändlern zu einem Vermögen und sich selbst zu einem gratis gefüllten Weinkeller verhalfen.

Es war eine Gastronomie, die von der Qualität des einzelnen einfachen Gerichts lebte, bewusst gekocht und aufgetragen von Leuten, die noch wussten, was Hunger ist. Hunger sei der beste Koch, sagte man, was freilich auch da schon einen üblen Beigeschmack hatte, wenn man an jene dachte, die nicht nur eine Brotzeitpause lang hungerten –

Es ist wahrscheinlich die Abwesenheit von Hunger, die Mischung von verdrängten Gelüsten und ausgesprochenen Abmagerungswünschen, der Widerspruch von Keine-Zeit-zum-Essen und Essenszeit; die Sattheit, der Überdruss, ja Ekel bei ununterbrochener Darmfunktion, die die neue Esskultur, das moderne Küchenrepertoire hervorgebracht hat. Man isst nicht viel und hat danach doch keinen Hunger mehr.

Suppenschüssel, wo bist du? Hie und da trifft man ein Exemplar, einsam, bei einem Trödler. Lange bleibt es nicht da. Alte Suppenschüsseln sind gesucht. Man stellt sie in die Wohnwand, man drapiert Früchte darin, die nach nichts mehr schmecken, dafür lange halten. Man sammelt bunte Steine in ihr. Manchmal findet man sie wieder in einem alten Restaurant mit jugendlichen Wirten, die ihre Wirtschaft währschaft wirken lassen wollen. Aber sonst teilt die Suppenschüssel das Schicksal des Leiterwagens (Zimmerpflanzenträger geworden), des Wagenrads (Lampenhalter), des Pferdekummets (Spiegelrahmen), des Butterfasses (Schirmständer), des Holzrechens (Wandschmuck, statt Kruzifix). Die leere Chiantiflasche, die ausgestorbene strohummantelte, wird auf Auktionen bald stolze Preise erzielen – zu schweigen von ihrer großen Schwester, der Korbflasche.

Wenn die Suppenschüssel schon im Bücherregal steht, wird es bald keine Suppe mehr geben.

Der Prozess ist unumkehrbar. Oder gibt es einen Architekten, der aus einem Mövenpick wieder ein Gasthaus machen kann?

Wir ändern uns eben. Und Himms Suppenschüssel hat ihren gesellschaftlichen Rückhalt schon lange verloren. Es ist ja klar, dass die Suppenschüssel ihre Existenz der großbürgerlichen, vordem der aristokratischen Gesellschaft verdankt. In den einfachen Häusern nämlich, in denen gearbeitet wurde, kam die Suppe stets in dem Topf, in dem sie gekocht worden war, auf den Tisch. Es war die wichtigste Pfanne, die Pfanne, die auch in Hungerzeiten nicht leer blieb.

Suppe kann man aus allem kochen. Charlie Chaplin demonstriert es in *Goldrausch* mit ausgetretenen Schuhen, bekannt ist das »Wassersüppchen« aus dünnen Zeiten. Auch die Kappeler Milchsuppe wurde in einem Topf serviert, Milch macht manches wieder gut; diese Suppe ist aber nicht einmal in der Überlieferung genießbar. Aber auch sie brauchte keine Suppenschüssel.

Die Suppenschüssel braucht es, wenn es zwischen der Küche und dem Esstisch einen Weg gibt, also in herrschaftlicheren Häusern. Dort gäbe es sie heute noch, sagt man. Im Bürgertum ist sie am Aussterben. Den Inhalt einer der letzten leerte Himliceks Vater über dessen Kopf, als er als Kind unvermutet um die Ecke in dessen Bauch rannte. Anspruchsvolle Gastgeber machen mitunter noch eine *Bouillabaisse,* und für diese ist die Suppenschüssel unverzichtbar. In den Wirtshäusern überlebte sie am längsten, weil dort am längsten die Illusion aufrechterhalten wurde, man werde bedient wie ein Gast. Inzwischen hat sich auch diese Illusion verflüchtigt.

Eine Suppenschüsselsuppe für alle, die ihre Schüssel noch einmal aus dem Bücherregal nehmen möchten: Einige dünne, leicht geröstete Brotscheiben in eine Suppenschüssel geben. Dann eine Schicht dünne Käsescheiben von jungem, fettem Käse (Gruyère) zufügen, dann nochmals Brotscheiben und Käsescheiben nach Belieben. Die letzte Schicht sollte Brot sein. Etwas sehr fein gehackte Zwiebeln in einem großen Stück Butter leicht rösten, in die Schüssel geben und alles mit kochender Fleischbrühe übergießen. Einige Minuten ruhen lassen.

Die Suppenschüssel muss vorgewärmt sein.

ES WAR IM JANUAR des Hungerwinters 1944/45, als ein kleines Mädchen in grobgestrickten Wollstrümpfen mit einem Zopfmuster, das sich in gewisser Weise in den um den Kopf gelegten blonden Zöpfen wiederholte, im bayerischen Schondorf am Ammersee auf seinem Schulweg am Morgen täglich an einer Art von abstrakter Skulptur vorbeikam, die vorausnahm, was auf dem Kunstmarkt Jahre später Mode werden sollte, an einem wirren Ineinander von Metall- und Sperrholzteilen, Drähten und in den Himmel stechenden Metallstangen, den bizarren Trümmern eines schon vor Monaten hier abgestürzten sogenannten Fieseler Storchs, dem beliebtesten Leichtflugzeug der Nazis, eingeschneit und dunkel von dem umgebenden Schneefeld abgehoben.

Während in Berlin der zu einem Gespenst gewordene Führer und Feldherr ein paar magere krumme Halbwüchsige in den Tod schickte, indem er ihnen die Hand schüttelte und zu einem Mut beglückwünschte, den sie nicht hatten, während Hamburg, Darmstadt, Nürnberg, Dresden und viele andere Städte von den Alliierten in Trümmer gelegt wurden und das Dritte Reich in Feuer und Asche verwandelten, lag hier auf einem Hügel, auf dem es bald wieder blühen würde, und zwar nicht nur mit Gras und Blumen, sondern mit einem Wirtschaftswunder, und Deutschland wiederum auf einem unaufhaltsamen Vormarsch sein würde, lag hier, allen sichtbar, noch nicht vielen erkennbar als das, was er bedeutete, der klägliche Rest einer Zeit, die endgültig abgelaufen war. Ein Denkmal, das keine Inschrift brauchte. Das Hakenkreuz auf der in den Himmel ragenden Heckflosse genügte.

Fieseler Storch, das Vehikel war für Himm, seit er zum ersten Mal davon gehört hatte, eine Inkunabel seiner eigenen und einer allgemeineren Vergangenheit gewesen, die Abgrenzung eines Hässlicheren von einem Schöneren, dem Schrecklichen von dem Angenehmen, dem Fremden vom Eigenen. Fieseler Storch, sowohl das Vehikel, das an eine Heuschrecke oder Stechmücke erinnernde hochbeinige schrille

Fluggerät, als auch die furchtbare Lautfolge »Fieseler«, die nur durch das vergnügte »Storch« etwas gemildert wurde. *Fieseler* war, wie *Kraftrad, Rundfunk, Fernsprechzelle* und nicht zuletzt *Führer,* Sprache aus dem Reich des Bösen, oder nicht eigentlich Bösen, sondern Abscheulichen. Denn nicht Moral oder Ethik, sondern jene krude Ästhetik bewirkte bei Klein-Himm den Schauder vor jener jenseits der Grenze liegenden Gegend und zeitlich immer weiter zurückbleibenden Zeit. Diese ungeheure und gewollte Hässlichkeit in den Dingen und Namen einer Gegend, die sich ein *Reich* nannte, während Himm in einem *Land* lebte. Was ist nur schon das Wort *Kraftfahrzeugschein* für ein Aufbegehren, wenn das Wort *Fahrzeugausweis* genügen würde?

Der abgrundtief widerwärtige Hitler. Und die Agfa-Farb-Ästhetik der dreißiger Jahre in den verwackelten Filmchen vom Obersalzberg. Schon das *Braun* der Bewegung und der Uniformen. Die über den Ohren hochgezogenen Haarschnitte, der akkurate Scheitel. Himmlers Brille. Das Mörderische also schon im Erscheinungsbild. Im Hakenkreuz allein schon.

Der Fieseler Storch ist unschuldig. Er selbst ist nicht fies. Im Schweizerdeutschen gibt es für den leichten Schneefall, der die Trümmer damals in Schondorf eingeschneit haben mag, das Wort *füiserle.*

Das kleine Mädchen stand im kalten Frühjahr 1945 unter dem Wrack und sah zu ihm hinauf, dünnes Morgenlicht in der als Flechtkranz um den Kopf gelegten Frisur. Leichter Schneefall, schon möglich, dass es *füiserlete.* Das Kind interessierte sich nicht für das Monument, das das abgestürzte Flugzeug darstellte, und gewiss nicht für die Kunst, die Spätere davon ableiten würden. Der Schnee knirschte unter seinen Füßen. Das dunkel gegen den hellen Winterhimmel aufgestellte Hakenkreuz bedeutete: Vorbei. Das Dröhnen der Bombergeschwader, das Heulen der Stukas war Vergangenheit. Den Schneefall konnte man wieder hören, das

hingetupfte Aufsetzen, die allersanfteste Landung der großen Flocken.

—————————————————————————

GIBT ES EIGENTLICH eine Theorie des Verlusts, fragt sich
Himlicek eines Tages, über sich selbst verblüfft. Er glaubt,
eine Stelle in der Welt entdeckt zu haben, wo es etwas noch
nicht gibt.

Wer an die Dinge sein Herz verliert … Er erinnert sich,
wie er einst eine Reisedecke, die er als junger Mann aus
Griechenland mitgebracht hat, irrtümlich mit einer Textil-
Sammlung weggab, und verlor.

Wo mochte die schöne Decke gelandet sein? Lag sie auf
einem fremden Bett, irgendwo? War sie weitergegeben worden? Zu Putzfäden verarbeitet? Aber Putzfäden gab es nicht
mehr –

Die Decke war ein Gegenstand, an dem nicht sein Herz ge-
hangen hatte, immerhin Erinnerungen. Also doch auch das
Herz? Die handgewobene Decke hatte nicht viel bedeutet, als
sie noch da gewesen war. Aber jetzt fehlte sie.

Darf man Dingen nachtrauern?

Eine Theorie des Verlusts müsste zunächst zwischen Dingen und Lebewesen unterscheiden. Ein Hund, der fehlt, fehlt
anders als ein Schlüsselbund, zum Beispiel. Ganz zu schweigen von einem Menschen, der wiederum anders fehlt als ein
Hund. Übrigens fehlt ein abgegangener Goldfisch wiederum
viel weniger als jener Hund.

Bei den Menschen müsste die Theorie unterscheiden zwischen dem Verlust auf natürliche Art (Tod), auf unnatürli-
che (Unfall); auf unverschuldete oder auf verschuldete Art
(Untreue, zum Beispiel).

Beim Verlust von Sachen stellt sich die Frage, welchen Dingen wir am meisten nachtrauern. Und warum. Denen, die
uns einmal zu gehören schienen (der verlegte und nicht wie-

47

der aufgefundene Fingerring), und denen, die allen gehörten (die Telefonkabine). Jedenfalls gehört zur Trauer über den Verlust die Kränkung darüber, dass die Sachen ohne uns auskommen. Sie zeigen, indem sie fehlen, dass sie ein eigenes Leben haben, denkt Himlicek.

Zumindest jene Sachen, die uns durch die Umstände ihres Erwerbs, oder treue Dienste oder ihren besonderen Wert nähergekommen sind. Sie haben Beliebigkeit oder Belanglosigkeit eigenschaftsloser Dinge hinter sich gelassen; sie gehören uns nicht nur, sie gehören *zu uns*. Ja, ohne sie *fehlt etwas*.

Eine vertraute Reisedecke kann so etwas sein.

Verlorene Sachen haben sich, wie ungetreue Freunde, in ihr Eigenleben davongemacht. (Daher rührt unsere Kränkung.) Sie sind auch ohne uns.

Denn die meisten Dinge können gar nicht verlorengehen. Der Schlüsselbund, lange gesucht und nie wiedergefunden, ist nicht einfach weg. Er ist nur nicht da, wo du ihn suchst. Deine Ausweise, die mit dem gestohlenen Geldbeutel in einem Gully versenkt wurden, haben sich nicht einfach in nichts aufgelöst. Noch Hunderte von Jahren, zumindest, schwimmen sie an einem Ort, an den du nicht hinkommst.

Es muss ein Paralleluniversum geben, in dem sie aufgehoben sind und kreisen, unerreichbar, aber vorhanden.

Sie kreisen mit Myriaden von Schicksalsgenossen in einem spezifischen Orbit der verlorenen Dinge, näher, dann fern von dir, materiell und wesenlos, und dass sie zurückkommen könnten, ist eine unserer beständigsten Hoffnungen. Und manchmal geschieht es auch, dass du das lange vermisste Ding an einem unvermuteten Ort vorfindest (als ob es sich dort versteckt hätte). Was das für ein *Geschenk* ist, weiß jeder.

Ein Schlüsselbund kann gar nicht verlorengehen ... und wenn er doch einst in die Erde sinkt (wie die etruskische Öllampe ein paar Jahrtausende vor ihm), versinkt er mit dem müde gewordenen Haus, in dem er unauffindbar lag, mit allem Hab und Gut in die Erde, und tiefer noch, und wird eines Tages wieder ausgegraben, und ist wieder und immer noch Schlüsselbund, auch wenn die Schlösser inzwischen zu Erzstaub verrostet sind. Das stellen wir uns doch alle laufend vor, dachte Himlicek, wie zwanghaft: was von uns, das heißt von unseren Dingen übrig bleibt für die Schaufeln und Schäufelchen einer jetzt noch unendlich fernen Archäologie.

Darf man hoffen, dass an einem solchen Ort auch die Bücher sind, die verschwinden, ohne gelesen zu sein? Die Verschmähten, deren die Welt nichts abgewinnen konnte? Überleben sie dort die Eiszeiten, während denen ihre Autoren lebendigen Leibes vergletschert sind? Melville nannten die Kritiker einen »Psychopathen«, und als er Jahre nach dem Misserfolg des *Moby Dick* doch noch einmal einen großen Text riskierte, sagte die *New York Times,* er habe kein Talent zum Romancier. Herman Melville wurde totgetrampelt – totgeredet, totgeschwiegen, tiefgefroren, was jeweils auf das Gleiche hinausläuft.

Kurzer Fragebogen:

Glauben Sie, dass verlorene Dinge zu ersetzen sind?

Trauern Sie verlorenen Dingen nach?

Welchen Dingen am längsten?

Welches Ihrer verlorenen Dinge möchten Sie am liebsten wiederhaben (nur eine Nennung)?

Finden Sie es dumm, sein Herz an Dinge zu hängen?

Was glauben Sie: Wo ist Charlie Parkers Saxophonkoffer, den er in der Nacht vom 18. Februar 1950 im St. Nick's in Harlem vergaß, als er mit dem Altosax unter dem Arm auf die Straße hinaustrat?

Was glauben Sie: Wo ist Ihre vor sieben Jahren ordentlich frankierte und eingeworfene Postkarte aus Amalfi, die nie in Köln ankam?

Verluste – ein großes Thema. Verlieren ein interessanteres.

Wer verliert was? Es gibt Spezialisten des Verlierens, zerstreute Menschen; alte Menschen und Professoren rechnet man gemeinhin dazu. Am Rand eines Lebenswegs bleiben die verlorenen Dinge zurück. Sie säumen die Erinnerung, und wie oft macht sich die Erinnerung an ihnen fest. Mit den zurückfallenden, den verlorenen Dingen bewegt sich die Geschichte vorwärts.

Himm dachte an die alte Camera, seinen kostbaren hölzernen Plattenapparat samt Objektiv, Objektivplatte mit ihren Messingschrauben, der herausziehbaren Mattscheibe und den feinen Holzkassetten mit den Schiebelädelchen, in die man die Planfilme einführte. Die Mutter hatte die Sachen entsorgt – das Wort gab es noch nicht, aber die Abfuhr nahm damals noch alles. Sie hatten, mit anderen Dingen aus dem Jugendleben, lange auf ihrem Dachboden gewartet.

Mit der Camera verschwand Himliceks frühe Begeisterung für die Fotografie. Und die Nächte, die er mit dem Freund im leeren Bahnhof verbracht hatte, um Nachtaufnahmen zu machen, mit Langzeitbelichtung. Eine Zeit wurde ihm entrissen und durch die Trauer verwandelt, und wiedergeschenkt. Aber das Gefühl der Hand bleibt, die die Gegenstände damals fasste. Das Gedächtnis der Hand: es ist ihm, als sei dieses Gedächtnis ein spürbarer Schmerz.

Schmerz überhaupt ist mit dem Verlieren verbunden. Das Fehlende zieht und brennt bei der Erinnerung daran. Das Wort *verschmerzen* erhält einen besonderen Sinn zusammen mit der Einsicht, dass man vieles nicht verschmerzt.

Muss man denn alles verschmerzen?

Es ist vollkommen sinnlos, jener Camera nachzutrauern, sagt sich Himlicek. Aber ich kann mich nicht daran hindern.

Er ist kein Sammler – alles andere als das: ein Verzettler und Verschwender. Das jedenfalls denkt er, bis er merkt, dass er Verluste sammelt.

Die üblichen, aber er hätte davon eine lange Liste anlegen können:

Ein leeres Zugabteil,
und den Speisewagen.
Stille am Sonntagmorgen,
die Berührung junger Haut.

Den Geschmack jener Spaghetti in der Trattoria vor der Villa Adriana,

das Geräusch der schwarzen Kiesel nachts vor dem Fenster des Hotels über dem Strand von Camogli,

den Geruch von frisch gemähtem Gras

und die unausdenkbar gewordene Zeit, als es noch keinen Kaffeerahm gab –

mein Gott, er vermisst gar keinen Schlüsselbund, sondern, wie alle anderen (die meisten), das Gefühl von früher: die gelebte Zeit.

Die Zeit, denkt er trotzig, hat damals die Dinge eingehüllt, die Dinge haben die Zeit sichtbar gemacht. Auch die Dinge zeigen die Zeit an; am leichtesten sieht man das an einem Automobil. Oder an einem Hut. Oder an meinem Pfadfinderdolch (den ich nicht vermisse). Wenn sie nicht mehr da sind, ist auch die Zeit vorbei.

Spürt man die Lücke? Wie bei dem Buch in meiner Bibliothek, das fehlt, weil man es mir nicht zurückgegeben hat. Fehlt, mit einem spitzen Aufschrei zwischen den stillen Dagebliebenen.

Zu den Dingen (den Gegenständen), gehören da Orte dazu? Orte sind nicht Dinge, doch unbelebt (sagt man); sie leben nicht durch sich selbst, sondern durch den, der sie betritt.

Die Landschaft bei Verdun ist erst dann ein Schlachtfeld, wenn ich den Ort aufsuche im Wissen um seine Vergangenheit.

Wenn ich Dinge vermisse (oder verloren habe), kann ich dann Orte verlieren und wie Dinge vermissen?

Es wäre Himlicek wichtig, wenn er auch von Orten erzählen könnte, wenn er sich an die verlorenen Dinge erinnert. Älter werdend entwickelt man ein immer deutlicheres Gefühl für die Möglichkeit, dass man einen Ort zum letzten Mal betritt (Ort ohne Wiederkehr). Lebensmitte hieße vielleicht auch, dass die neuen Orte ab- und die nicht mehr wiederzusehenden zunehmen, Abschied in Raten etc.

Wie man Freunde verliert, will er bei dieser Gelegenheit auch noch notieren. Er sinnt, den Bleistift in der Hand, über dem aufgeschlagenen Notizbuch.

Freunde verlieren: Auch wenn es mit den verlorenen Dingen nichts zu tun hat – mit dem Verlieren schon. Auch Freunde sind manchmal, wie die Dinge, auf einmal nicht mehr da. Sie hinterlassen einen Leerraum, in dem die Erinnerung an sie wie ein Vorwurf hängenbleibt.

Verlust durch Entfernung. Das wäre das Gewöhnlichste. Der andere zieht weg, oder du bist es, der den andern (der an seinem Ort bleibt) verlässt. Verlust und Verlassen ... Da gehen vielleicht noch Briefe hin und her; einmal, es ist schon überraschend, ruft der eine den anderen an. Und dann immer wieder dieser eine den anderen. Und als dieser eine einmal mehr den anderen sucht, und ihm das auffällt, wie es ihm schon einige Male aufgefallen ist, stellt er das Telefon zurück, das Freizeichen im Hörer verstummt. Wer war nun der, der die Freundschaft ausgehen ließ wie ein Teelicht?

Dann ruft er doch wieder einmal an. »Was ist?«, fragt der andere; er tut es allerdings höflicher. Die Wörter sagt er nicht, aber die Stimme sagt es. Du rufst dann besser nicht wieder an, es sei denn, du hättest den Vorwand einer Dringlichkeit. Also nicht: Wie geht es dir?, sondern: Hast du mir die Adresse von – –. Dann hört auch das auf; dies war dein Last Call, du merkst es erst später.

Es kommt vor, dass nur schon dadurch, dass du woanders hingehst, der beste Freund dich aufgibt. Ihr wart immer zusammen, man nannte euch unzertrennlich, nun ist nichts mehr da. In dem Abstand, den du durch dein Weggehen geschaffen hast, ist sogar so etwas wie Hass.

Verlust durch Tod. Da träfe dich keine Schuld. Oder bleibt doch so etwas wie ein schlechtes Gewissen? Das fängt früh an. Der Freund, der sich das Leben nahm (und hättest du ihm helfen können?). Der andere, der in den Bergen stürzte (bist du sicher, dass es ein Unfall war?). Du hältst sie, diese frühen Toten, noch einige Jahrzehnte wach. Sie verschwinden, wenn dein Gehirn erlischt.

Verlust durch Tod, wie oft erlebst du es jetzt, da du älter wirst. Da geht dann mehr weg als der Freund: große Stücke von dir gehen mit. Du stirbst mit, du spürst es an dem vorsichtigen Bogen, den du um die Stelle machst, wo der andere war, du musst ja weiter, sagst du. Das kann man wörtlich verstehen; für Himlicek ist ein langes tiefes Alpental verschlossen, seit der Freund nicht mehr dort wohnt, am Eingang zum Tal.

Die Freunde werden immer zahlreicher dort, wo du nicht hinkannst. Man sagt, sie seien am schönen Ort versammelt, auf einem umfriedeten Grün vielleicht. Vielleicht erschrickst du bei dem Gedanken: Denn nur du kannst ihn denken, und wie lange noch?

Verlust durch Ermüdung? Das wäre eine oft gemachte Erfahrung. Durch Ermüdung verliert man die meisten. Es reicht, denken beide. Das heißt, sie müssen es gar nicht denken, es wird einfach so. Es reicht, es hat gereicht. Es war gut; nun ist es gut so. Ist das nicht mit den meisten Klassenkameraden so, mit denen man durch Zwang zusammenkam (und etwas daraus machte): die Schule? Waren das überhaupt Freunde? Einige waren es geworden, mit wenigen bist du noch ein paar Jahre in Verbindung. Bei manchen fragst du später: Was machen sie wohl?

Würde dich eine Antwort interessieren? Dünner werdende Stimmen, die sich im Dunst verlieren, der zwischen dir und dem verlassenen Ufer dichter wird. Es kann noch einmal ein Hilferuf ertönen, von dort; gib zu, es kümmert dich nicht.

Durch deinen ewigen Überschwang? Frag dich; da kommst

du dir selbst am nächsten, auch wenn du dich jetzt gern von dir abwenden würdest. Überdruss des anderen durch Überschwang des einen: das bist du, wie du leibst und lebst. Das hättest du aber bemerken können. Schon während du mit dem Freund sprichst, wendet er sich einem andern zu: Er weiß schon, was du ihm sagen willst. Das hast du mir schon drei Mal erzählt, denkt der Freund, sagt es aber nicht und dreht sich weg. Die sogenannten Mitteilungen, sie waren ohnehin nur verkappte Liebeserklärungen. Er hat jetzt einen anderen, das solltest du doch sehen. Das zeigt er dir doch gerade. Das kannst du gutmachen, indem du deine Heftigkeit zügelst, wie in der Liebe, der unerwiderten. Wenn du das willst, oder kannst ... Sonst bleibe bei dir und deinem Überschwang, und werde ein bisschen einsamer. Tant pis, denkst du, so bin ich, so bleibe ich.

Viele sind so.

Durch ein Ungenügen, das du bei dir vermuten musst? Etwas Schlimmeres kann dir in der Sache Freundschaft nicht widerfahren. Es geht ungefähr so: Ihr seid viel zusammen gewesen. Du hast eine Verständigung oder ein Verständnis gespürt, das nicht ausgesprochen werden musste und dir guttat, vielleicht auch tiefer ging als mit anderen zuvor. Ihr stimmtet überein in so vielem. Die gleiche Landschaft habt ihr gemocht, die gleichen drei Maler. Ihr habt, ohne es euch vorher zu sagen, die gleichen Bücher gelesen. Mit den gleichen Frauen habt ihr euch gut verstanden. Die gleiche Sprache habt ihr gemocht.

Dann meldet der andere sich nicht mehr, nachdem ihr vorher ständig gekabelt habt. Einen ganzen Band mit E-Mails hättet ihr füllen können, ihr habt euch *berührt* in euren Meldungen.

Und jetzt hörst du nichts mehr. Natürlich, du meldest dich. Eine Antwort kommt dann auch, aber zögernd. Auf deinen nächsten Auf- oder Anruf antwortet er nicht mehr. Ein halbes Jahr später eine Entschuldigung, die du erleichtert feierst, obwohl sie nicht grade aufrichtig tönt. Jetzt noch einmal dein Überschwang. Es lag also nichts gegen dich vor ...

Es ist dann wieder Stille eingekehrt. In dieser Stille, die dich den andern erst recht vermissen lässt – jetzt kannst du, jetzt darfst du von deiner Seite nichts mehr tun –, hoffst du immer noch auf ein Zeichen. Es kommt aber keins. Was war es denn, was ich falsch gemacht habe? Das fragst du dich, und du findest nichts. Außer dem vielen, was du dir schon immer selbst vorgeworfen hast.

Es dämmert dir, dass der andere dich nicht braucht. Du aber ihn. Dann schiebst du das beiseite. Dann kommt es noch schlimmer: Er braucht dich nicht – weil du ihm nicht genügst! Und nun bist du da, wo du schon immer warst: bei deinem Ungenügen. (Du trägst es wie einen Buckel.)

Doch dein Ungenügen scheint grundsätzlich, messbar, objektiv feststellbar. Das heißt, du bist ungenügend für *alle andern*. Sie leben auf einer Ebene erwachsen gelebten, reifen Lebens, auf die du gar nie hinreichst. Nie! Sie, die sich untereinander auf ihre Reife und Erwachsenheit verlassen können, haben dich nur vorübergehend auf diese Ebene zugelassen. In das mit den anderen Reifen geteilte Reservat. Versuchsweise, aus Freundschaft. Aber es hat nicht gereicht, dich dort oben zu halten.

Der ehemalige Freund hat die Aufgabe übernommen, dir zu zeigen, dass du immer und überall nicht genügst. Es ist die schmerzlichste Erfahrung. Sie sollte dir endlich beibringen, dass der andere sein eigenes Leben haben darf, ohne dich. Ganz und gar ohne dich. Und mehr noch: dass er dich niemals vermissen wird.

Und dies schließlich, als er es sich noch einmal ausdenkt, bringt Himlicek nun wieder auf jene zurück, die einem nie und nichts übelnehmen, die Dinge. Und, ja, auf seinen Trotz, in dem es immerhin ein *trotzdem* gibt.

———————————————————————

DEM MÜSSIGGÄNGER dürfen die alltäglichsten Dinge auffallen, und fremd werden. Es ist wie mit den berühmten Blumento-Pferden, denkt Himlicek. Wenn man erst einmal den sicheren Boden der Blumentopferde verlassen hat, findet man kaum noch zurück. Es geht ihm so mit dem Händedruck. Eigentlich dem ganzen Händeschütteln, das ihm unversehens merkwürdig vorkommt. Fremd plötzlich. Die ausgestreckte Hand, die auf eine andere wartet, die in sie einschlägt.

Woher nur dieses Ritual?

Himm kommt es vor wie ein Zeichen für etwas Vermisstes. Man kann sich nicht umarmen – jetzt muss die Hand in der anderen Hand das ersetzen. Ja, wenn es ganz verzweifelt zu- und hergeht, fasst einer den andern noch zusätzlich ums Handgelenk. Achtung, man spürt: Da kann leicht Heuchelei dabei sein, das Unwahre, dessen Keim schon im einfachen Händedruck liegt.

Schwarze Immigranten sieht man oft, wie sie sich begrüßen und dabei weit ausholen mit dem ganzen Arm – die Hände, alle fünf Finger ausgestreckt, klatschen aufeinander, Gimmi Five, und sie lachen dabei, strahlend, als ob es sich bei solcher Berührung um einen Witz handeln würde. Sie imitieren die Patrons, die Weißen, nicht wahr. Als sie noch Kinder waren, hatten sie so viel Berührung, dass sie jetzt keinen Händedruck mehr bräuchten.

Politiker, besonders hochgestellte, schütteln sich gern und lange die Hände. Ihr Lachen ist eher ein Grinsen. Sie misstrauen sich. Sie hassen sich, lügen ja auch hier: Sie schütteln sich die Hand, um sich nicht anzuspucken. Niemand glaubt ihnen. Sie selbst glauben kein Wort von dem, was sie eben verlautbart haben. Die hundert Kameras um sie herum lösen eine freundliche Oberfläche ab, die Totenmaske der Wahrheit.

Blumento-Pferde. Himlicek kommt nicht mehr los davon, auch den üblichen Händedruck nicht bloß für eine Freundschaftsbezeugung zu halten, was er, in aller unschuldigen Gedankenlosigkeit, gelegentlich sein mochte. Vielmehr um eine Art vorsorglichen Friedensschluss, also Handschlag als Nichtangriffspakt und Waffenstillstandsvertrag. Es geht darum, signalisieren die Hände, miteinander auszukommen, zumindest so lange, als man sich mit demselben Handschlag wieder verabschiedet – und seiner eigenen Wege geht.

Wie anders bei meinem Dědeček, denkt Himm, überhaupt bei den Artisten, die in der Luft miteinander tanzen. Zwar geht es auch beim Tango ums Essentielle. Hier jedoch, unter der Zirkuskuppel, um Leben und Tod. Greift der Fänger nicht fest um Hand und Handgelenk des Fliegers, stürzt der in die Manege und bricht sich den Hals. Diese vier Hände, die sich so verschränken, wissen alles über die Gemeinschaft, die sie dabei bilden müssen. Sie heißt Gedeih oder Verderb. Deswegen hält man im Publikum den Atem an, wenn sie aufeinander zufliegen.

Es gibt am Trapez und auf dem Hochmast keine gestischen Floskeln. Die Berührung heißt leben, der Handschlag gilt. So geht auch die unendlich variierte Filmszene, in der einer am Abgrund hängt und der andere ihn an der Hand auf sicheren Boden zu ziehen versucht: Es ist am Ende ein Bild für die Liebe, für die, die zum Überleben verhilft.

Himm spürt Zärtlichkeit für seine verschollene Familie. Für die *Drei Himliceks*. Für die Männer auf ihren schwankenden, sich einander zuneigenden, einen Augenblick einander berührenden Masten, für das kurze Sichfinden der Hände.

Da standen sie einen Augenblick, Hände ineinander, hinter den Rücken verschlungen, sie wechselten den Korb, gingen in den Handstand, einzeln, dann ging es wieder hinüber zum andern, dann stand der Leichtere auf den Füßen des Fängers, im Handstand, Füße zu Händen, die Hände um die Füße verankert. Und Lorena flog, wie ein weißer Spielball zwischen den Männern wechselnd.

Die Versunkenheit, mit der sie sich, noch unten am Boden, die Hände mit Kreide bestäubt haben. Und dann dort oben, vor dem Himmel, Blüten auf Stängeln, die sich im Wind bewegen, sich berühren und wieder trennen. Und die Erlösung, wenn sie am Ende ihres Programms rasch an den Stämmen herunterglitten, federnd aufsprangen auf der Wiese, sich dem Applaus stellten, nebeneinander aufstellten, Lorena in der Mitte im Tutu, neben ihr die schlanken Männer im weißen Dress.

Sich die Hände gaben, verneigten, sich dabei noch einmal die Hand drückten, die Hand, die gehalten hatte.

––––––––––––––––––––––––––––––––––––

HIMLICEK GIBT SEINE BIBLIOTHEK WEG, jedenfalls einen für ihn bedeutenden Teil davon, etwas von dem, das er sein Leben lang zusammengetragen hat. Himm hat keineswegs immer den Überblick über das, was er gerade tut. Die Bücher zerstieben, die Bände gehen in alle Winde –

er *verliert* die Bücher, geht ihrer *verlustig.* Und ebenso *verlieren* die Bücher *sich,* im All oder irgendwo. Der *Verlierer* fühlt sich *verloren,* Himm *verliert sich* in seinem *Verlust.* Er muss die Bücher *verlorengeben. Verlorene* Liebesmüh. Aber die Bücher muss er doch *nicht verlorengeben –*

keine einzige Buchseite ist verloren. Nachdem die Bände im All verschollen waren, kehren sie zurück, wie Zugvögel. Sie lassen sich da und dort nieder, in anderen als Himliceks Regalen, da: einzelne von ihnen hocken sogar wieder zusammen.

Der Antiquar hat tröstend gesagt: »Ich habe schon einige Partien gut platzieren können.«

Die Bücher sind bei anderen Sammlern gelandet. Nun beginnt ein anderer damit, sich daran zu erinnern, wo und wann er dieses und jenes Buch erworben hat – als wär's schon immer bei ihm gewesen. Und möchte doch sein, dass

Himlicek, der Trostlose, der sie weggegeben hat, wieder mit dem oder jenem neuen Band beginnt, den er da oder dort antrifft, in die Hand nimmt, aufblättert, erwirbt.

So lange er eben kann.

———————————————————————————————

EINE EIGENSTÄNDIGE war sie immer gewesen, Sophie-Charlotte. Als Schulkind war sie frech, füllig, gescheit, als Kumpel beliebt bei den Knaben in ihrer Klasse. Niemals Zimperliese.

Als sie über die erste Pubertät hinaus war, war sie noch ein wenig dicker geworden, was den Jungen weiterhin erlaubte, mit ihr unverkrampft und wie unter ihresgleichen umzugehen. Ihre Formen erinnerten freundlich an die Frauenbildnisse von Maillol. Ihr Haar stand ihr vom Kopf ab, rot gefärbt.

Sie war ein Jahr in Australien gewesen, Schüleraustauschprogramm. Dort hatte sie ihrem Deutsch einen breitmäuligen Tonfall hinzugefügt. Sie versuchte nun eine Art Bühnendeutsch mit angelsächsischer Intonation. Sie wurde schlanker, und der Akzent verschwand wieder. Ihres Rots wegen nannte Himlicek sie seine australische Flamme. Himlicek hätte ihr Onkel sein können.

Das Abitur machte sie mit links. Mit der Corona ihrer drei liebsten Mitschüler, dem Viereck aus Banknachbarn, einem Bollwerk gegen pädagogische Autorität und einer Trutzburg im Abschreiben, hatte sie, frech und rotschopfig, ein Verschiebesystem aus Kassibern und Spickzetteln eingerichtet, mit denen die Viererbande sich gegenseitig über ihre Schwächen half. Himm kannte sie damals als Freundin eines Nachbarsjungen.

Als es eine Gelegenheit gab, Sophie-Charlotte im Verlagskontor als Hilfskraft einzustellen, zögerte er nicht mit einer Empfehlung. Der Chef willigte ein, sie trat als Stagiaire in den Verlag ein, für eine befristete Zeit. Es war sogleich klar, dass sie eine jener seltenen Personen war, die »die Arbeit sehen«, von sich aus. Ehe man ihr etwas auftragen konnte, hatte sie es schon erledigt. Sie trug ihr Mädchenfleisch mit Anmut unter einem T-Shirt, das im Sommer unter den Armen dunkler war. Der Gedanke an etwas mehr als ein Arbeitsverhältnis war an einem heißen Sommernachmittag nicht abzuweisen.

Unkompliziert und entschlossen machte sie sich nach ihrem Stage auf den eigenen Weg. Sie war schlank geworden, die roten Haare waren wieder naturblond, jedenfalls nahm Himm, der sie noch hie und da traf, dies an. Zunächst besuchte sie Vorlesungen an der Uni und absolvierte der Form halber ein paar Proseminare. Dann setzte sie ihre Laufbahn in gerader Linie fort, indem sie in einem anderen Verlag eine der raren Stellen als Lektorin annahm. Wenn sie Himlicek traf, erzählte sie ihm davon, wie die Kollegen dort nicht viel von ihrer Sache verstanden. Das blieb für ihn eher kryptisch, da sie eine komplizierte Ausdrucksweise angenommen hatte, um einfache Dinge zu sagen. Sie war intellektuell geworden. Und so wurde ihr jenes Lektorat, ihr zweites Kontor bald zu eng.

Sie kündigte, zur Verblüffung vieler, die sie um ihre Stelle beneidet hatten, kratzte das Ersparte zusammen und nahm zusätzlich ein Darlehen auf, um sich zu einer anderen Laufbahn in den Neuen Kontinent aufzumachen. Sie hatte sich darauf kapriziert, Amerika mit dem Schiff anzulaufen, die erträumte Vorbeifahrt an der Freiheitsstatue im Hafen von New York erschien ihr wie eine auf sie gemünzte Verheißung.

Auf dem Fragebogen des Verlags, den sie beim Austritt auszufüllen hatte, hatte sie unter der Rubrik »Ihr künftiges Berufsbild« geschrieben: »Generalsekretärin der Vereinten Nationen.«

Mit der Verve, die Himm an ihr kannte, warf Sophie-Charlotte sich in ein Postgraduate-Studium der Ökonomie und

Politologie. Sie war eine schöne Frau geworden, und sie brillierte mit einem Summa-cum-laude-Abschluss – dann warf sie sich mit zwei Kollegen auf die Ökonomie des günstigen Augenblicks, die Spekulation auf Baisse. Erwarb sich ein Apartment im 11. Stock eines Towers an der oberen Westside, verlor alles wieder, als die Börse wegen der Geschäfte, die sie mit ihren Kumpeln getätigt hatte, alle von der Art der Lehman Brothers, zusammenkrachte.

Mit dem letzten Geld aus dem Verkauf ihres Apartments kaufte sie eine Zweizimmerwohnung in einem billigeren Viertel, exakt auf der Grenze zwischen dem schwarzen Harlem und der Nähe zum Central Park. Und sie schaffte sich einen kleinen Hund an, einen Terrier, den sie *Leibniz* taufte. Dann stabilisierten sich ihre Verhältnisse, Sophie-Charlotte fand eine Anstellung in der Verwaltungsabteilung eben jener Universität, an der sie einst so brillant abgeschlossen hatte.

Auch im Tornado ihrer amerikanischen Erfolgsstory samt Absturz in vorüberziehendes Elend hatte sie alte Freundschaften jenseits des Atlantiks weiter gepflegt, und war vorsichtig ein paar neue in New York eingegangen. Sie war die Vertraute eines älteren Schriftstellers und dessen Frau und besuchte diese regelmäßig auf dem Land, wo der Schriftsteller lebte, zurückgezogen. Sie war, nach der Ehefrau, die zweite Leserin seiner Manuskripte geworden. Daneben hatte Sophie-Charlotte kurze Zeit – auffallend, eine Schönheit – unerschrocken mit einem etwas jüngeren schwarzen Stand-up-Comedian zusammengelebt, der sich von den Strapazen seines Humors jeweils an ihrem Küchentisch ausweinte.

Ihr Trost war ihr kleiner gescheckter Terrier, Leibniz, ihr Lebensbegleiter und Gefährte in allen Lebenslagen. Wenn sie über den Atlantik flog, kaufte sie für den Hund ein eigenes Ticket, niemals hätte sie Leibniz einem Käfig und dem Frachtraum anvertraut, auch wenn dieser sich nicht irgendwo im Bauch des Flugzeugs, sondern direkt unter den Piloten befand. Sie vergötterte das Tier. Und Himm, der sie hie und da, selten, in Europa wiedersah, admirierte die schöne junge Frau seinerseits wie ein Hund.

Er hatte mit ihr eine Geschichte, die nie eine Affäre geworden war, auch wenn sie beide vielleicht nur knapp daran vorbeigeschrammt waren. Also gab es niemals etwas zu bedauern.

Doch blieb mehr als die kollegiale Freundschaft von damals, es blieb so etwas wie die Phantasmagorie einer Liebe. Etwas, das nur in der Einbildung hatte stattfinden dürfen. Himlicek sah Sophie-Charlotte älter werden, während er sich selbst als unverändert empfand, er sah die Veränderungen an ihr, die als Schritte des Lebens zwischen ihren auseinanderliegenden Begegnungen lagen. Wie würde sie sein als ältere, als alte Frau, fragte er sich manchmal. Und dachte nicht daran, dass er selbst dann bloß noch Staub sein würde.

Ein Verhalten im *casus virtualis amoenus,* durchsetzt von mitunter nicht abweisbaren Zwangsvorstellungen. Für das ihm selbst Unsagbare nahm er den Dichter zu Hilfe.

»Zu spät!« rief er nun endlich mit spitzen Schreien. »Zu spät!«

»Was ist zu spät?« fragte Zaborovna.

»Diese Begegnung hier«, sagte Belacqua. »Sehen Sie nicht, dass mein Leben vorüber ist?«

»Oh«, sagte sie mit einer Stimme irgendwo zwischen Liebkosung und Rippenstoß, »so weit würde ich nicht gehen, das zu behaupten.«

———————————————————————

AM SONNTAG macht Himlicek einen Stadtspaziergang. Die Straßen sind wie leergefegt, die Arbeitsmaschine steht still. Mit Gittern geschlossen die Banken, die Läden, die Höfe. Die Kaffeebars zu, in denen es an den Arbeitstagen von Dringlichkeiten summt. Selbst die Brunnen rauschen wie im Stummfilm.

Es wird deutlich, wie sehr sich die Stadt verändert hat. Sie ist nur für die Arbeit da gewesen. An diesem Tag aber hat hier niemand etwas zu suchen. *Ich will auch einmal allein sein,* sagt die Stadt. Und lässt ihn sich wie einen Fremdkörper spüren.

Wir sind von den Stimmungen der Wochentage abhängiger, als wir wahrhaben möchten. Merke: Jeder Tag hat eine andere. *O Monday, bloody Monday ...*

Sonntagmorgen. Himlicek ist aufs Land gefahren. Er hört in die Stille und stellt ihre Lautlöcher fest. Am Sonntagmorgen erkennt man die Ruhe an ihren Störungen. Dem Sportflugzeug in der Luft. Dem Bauern, der wegen des schönen Wetters Traktor fahren muss.

Ich höre. Mein Ohr hört. Mein offenes Ohr, meine offene Wunde, notiert Himlicek. Mein Ohr hört das Tschilpen des Rotkehlchens. Mein Ohr hört den Wind im Baum. Mein Ohr hört das Schreien der Schwalben. Mein Ohr hört die Gespräche der Nachbarn. Mein Ohr hört zu. Mein Ohr hört das keckernde Lachen der anderen Nachbarn. Mein Ohr hört ein Tellergeklapper. Mein Ohr hört Kinder plärren. Mein Ohr hört den Streit aus dem Gasthaus. Mein Ohr hört das Näherkommen, das Aufjaulen, das Vorbeiheulen des Mopeds. Mein Ohr hört das Dröhnen der Musikanlage des halbwüchsigen Nachbarjungen durch seine offenen Fenster.

Mein Ohr hört fünf Türen an einem Auto, dann sieben, dann ungezählte. Mein Ohr hört das Kläffen des Hundes, das sich steigert mit dem Kläffen anderer Hunde, eine rasende Meute. Mein Ohr hört das Fiepen und Dudeln des Computers des anderen Nachbarjungen. Mein Ohr hört das Schlagen der Türen im Nachbarhaus. Mein Ohr hört das rasende Kreisen des Mopeds des dritten Nachbarjungen im Hof. Mein offenes Ohr! Mein Ohr hört, wie es Sonntag ist auf dem Dorf, schreibt Himlicek in sein blaues Notizbuch.

Sonntag ist nur ein Name. Er erinnert an etwas, das es einmal gab.

Die wahren Dichter des Sonntags sind gewiss nicht die Idylliker, denkt er, sondern die Erforscher und Kenner der Langeweile. Und ihre Gegner. In den Sonntag eingeschrieben ist eine Grundfigur, die so nur an diesem Tag sichtbar wird. Es ist die des Wartens.

Was war das manchmal für ein Luxus, was für ein Hochgefühl, sich vom Sonntag auszuschließen. Und zur Arbeit zu gehen. Im Büro schwiegen die Telefone. Die Papiere wölbten sich ihm entgegen. Das Unerledigte sah weniger unfreundlich aus als an den Werktagen.

Damit es ihn am Montag nicht wieder wie einen Wehrlosen bedrängen konnte, rückte Himlicek Papiere zurecht, beförderte einiges fröhlich in den Papierkorb, adressierte Unlösbares an andere Empfänger um: sollten die an ihrem Montag sich darein verwickeln. Ihm gefiel sein Büro, und er hätte jetzt richtig arbeiten können. Das musste nun aber auch nicht unbedingt sein.

Zufrieden verließ er, nach einem letzten Blick aufs Ganze, sein Büro. Der Montag, dachte er, würde ihn nicht unvorbereitet erwischen.

Die kleinen Fluchten des wiederkehrenden Sonntags erinnern an die große, die einmalige, die an jedem Wochentag stattfinden könnte und niemals ausgeführt wird.

Ein Ort der Wahrheit ist nicht selten der Bahnhof. Am Sonntagabend sehen die Wartenden müde aus. Nicht wie am Freitagabend. In ihren Augenringen steht die Erschöpfungserwartung vor dem nächsten Morgen geschrieben. Sie haben sich am Wochenende verausgabt, um nichts von diesem unvermeidlichen Augenblick der Rückkehr zu wissen.

Wir lesen, dass in der Antike der Vorabend zum folgenden Tag geschlagen wurde. Wie wahr ist das für den Sonntagabend, der besser *Vormontagabend* hieße.

Der Sonntag erlischt früher als alle anderen Tage. In seiner Stadt stellt Himlicek eine regelrechte Montagsangst fest. Sie erstickt schon am mittleren Sonntagnachmittag, was bisher an Aufatmen noch da gewesen ist. Der Verkehr wird schläfriger, die Gesichter angespannter. Manch einer stellt die Bierflasche zur Seite. Die Boote werden vertäut und zugedeckt. Die Fenster werden dichtgemacht, als ob ein Regen käme. Es scheint aber eine heitere Sonne.

Die Kinopreise purzeln. Die Kinokassiererin schließt den Schalter, weil niemand mehr kommt. Ein Spielzeug liegt umgedreht auf dem Spielplatz. Mütter und Väter schauen ernster. Das Denkmal des puritanischen Stadtpatrons wächst in die Höhe. Keiner hupt mehr. Wie vor einem Gewitter wird vieles still. Einige hasten schon.

Etwas zieht sich zusammen. Wie weit liegt der Freitag schon zurück! Das lang gewordene Wochenende schickt sich an, sich für seine Großzügigkeit zu rächen. Am Ende von zwei freien Tagen war ein Leben ohne Arbeit vorstellbar geworden. Doch der Montagmorgen steht ächzend auf, hebt die Keule, schwingt sie drohend. Eilends flüchten alle auf den Boden der Tatsachen zurück.

Von Montag bis Freitag sind alle in Trimbach und unter seinem Nebel. Je kürzer die Arbeitszeiten werden, desto mehr Zeit hat man für die dringenden Heilserwartungen, die man in den Freitag setzt. Übrigens ist bei den meisten schon der Freitagnachmittag zum Wegschmeißen. *But the eagle flies on Friday.* Unendlich erstreckt sich der Samstag. Dann wird's enger.

Der Sonntag sei nach christlichem Verständnis der erste Tag der neuen Woche. Als Erinnerung an die Auferstehung bedeute er Neubeginn, Heilserwartung. Schon immer ist man im Gefühl eher alttestamentarisch als christlich geblieben, über zweitausend Jahre lang. Immer galt: nach vollendetem Werk brauche es einen Tag der Ruhe. Inzwischen sind es schon zweieinhalb. Im modernen Leben, wo Arbeit und Freizeit zu immer größeren Gegensätzen heranwachsen (und keineswegs konvergieren, wie es die Aufklärung, der Materialismus von Marx und Engels, Adorno und die Neue Linke sich vorgestellt hatten), ist der Sonntag der letzte Tag – und auch schon der Rand der rettenden Insel, die der Freitagabend vor einem ausgebreitet hat. Und also auch schon der abgehende Tag.

Der Montag ist der heraufkommende, auch der unbekannte. In der Nacht von Sonntag auf Montag werden alle Gestirne hereingeholt und neu platziert, der Montag ist unter einem anderen Himmel. Es kommt mit ihm ein anderes Wetter herauf, keines, das die Meteo prognostizieren kann.

»Langeweile ist ein warmes graues Tuch«, schrieb einer, »das innen mit dem glühendsten, farbigsten Seidenfutter ausgeschlagen ist. Langeweile ist immer die Außenseite des unbewussten Geschehens. Darum ist sie den großen Dandys als vornehm erschienen.«

Der betriebsame Sonntag, Haupttummelplatz der Freizeitgesellschaft, möchte die Langeweile vertreiben. Dass man seine Zeit nutzen müsse, diese Generaldevise der Besinnungslosigkeit, kommt jetzt am Sonntag am deutlichsten zum Ausdruck. Keiner kann jetzt mehr Ruhe bewahren. Selbst bei den Sterbenden in den Spitälern geht es heute, an ihrem letzten Besuchstag, am hektischsten zu. Himlicek, der in einer anderen Zeit gerne ein Taugenichts geworden wäre, geht durch die Massen der Sonntagsradfahrer, der Sonntagsjogger, schreitet durch Grillrauch und schwirrende Federbälle. Geisterfahrer wimmeln. Alle Erinnerungen werden getilgt. Die an die Langeweile zuerst.

Die alten Sonntage hielten ihr Versprechen nicht mehr; sie waren ganz kraftlos geworden. Himlicek musste sich nach einem anderen Tag umsehen. Er entschied sich für den nächsten.

Er interessierte sich für den blauen Montag. Grimms Wörterbuch wusste zu diesem, nicht ohne Tadel: »ein tag, an welchem die handwerker nicht arbeiten, also ein unnützer, vergeblicher.«

Diese Vergeblichkeit erschien Himm verlockend. Vielleicht wurde er doch noch ein Dandy. Im summenden Betrieb, der sich, jetzt, so früh in der Woche, noch recht langsam auf den Freitag zubewegte, ging er als Anachronismus. Er verfügte über Zeit und sah ihr zu, wie sie über die andern verfügte. Während die Sonntage so kurz geworden waren, wuchs der Montag für ihn zum längsten Tag. Das Wort *Müßiggang* erschien wieder brauchbar.

Alles zwitschernd. Der Himmel weit und tatenblau. Undenkbare Ereignisse scheinen möglich. Nun ist alles freiwillig. Die Rasenmäher vom Samstag sind versorgt, die Tubas im Futteral, und was sonst Freiluft war, ist weggeräumt. Der Wurstrauch verweht. Himlicek in den Straßen, in denen die Passanten der Arbeit zugehören, wie ein Kind unterwegs, mit einem Fuß auf dem Gehsteig, dem andern fröhlich im Straßengraben. *Zeit laden, wie eine Batterie Kraft lädt ... Die Langeweile ist die Schwelle zu großen Taten.* Jetzt die gestohlene Zeit schmecken! Federndes Schuhwerk. Der blaue Montag ist der geglückte Sonntag, schließt Himlicek seine Notizen.

———————————————————————————

ES HATTE LANGE GEDAUERT. Aber schließlich war doch wieder einmal ein Brief aus New York gekommen. Ein ungebräuchlich gewordener Air-Mail-Umschlag, blassblau, etwas durchscheinend, der feine Rand schräg gestreift, rotblau. Drei knittrige Blätter, Kleinformat, steckten darin, das amerikanische Papier, in Europa allenfalls noch von den Fotoalben her bekannt, mit Schreibmaschine beschrieben, *typewriter,* breitlaufende Schrift. Beim Herausnehmen der

67

Blätter die leicht gerasterte Oberfläche des fremden Papiers zwischen Daumen und Zeigefinger, das feine Knistern beim Auseinanderfalten.

»Ich habe zwei spannende Frauen kennengelernt«, schrieb Sophie-Charlotte. »Die erste wohnt drüben, in Brooklyn. Beneidenswert wohnt sie: in einem dieser alten Brownstone-Häuser, irgendwie englisch-viktorianisch, nicht wahr, an einer ruhigen Seitenstraße und mit einer wohnlich eingerichteten Terrasse, von der man nach Manhattan hinübersieht. Sie ist ungefähr so alt wie ich, vielleicht ein paar Jahre älter; sie heißt Andrea. Ihr dunkles Haar trägt sie wie ich mein blondes, in einem Knoten.

Sie ist USA-Kulturkorrespondentin für eine Schweizer Zeitung. Was es ja kaum noch gibt, wo alle Zeitungen so sparen müssen. Oder das wenigstens vorgeben; die Aktionäre sollen nicht weniger kassieren, also müssen die Redaktionen Haare lassen. Ich las sie immer gern, aber seit ich sie ein bisschen kenne, weiß ich, wie sorgfältig sie arbeitet. Sie schreibt besser als die meisten ihrer Kollegen: genauer und ausgeruhter.

Gestern hat sie über die Retrospektive von Agnes Martin im Guggenheim Museum geschrieben. Da hatte ich meine zweite Begegnung.

Andrea sagt, es sei die schönste Ausstellung, die sie seit vielen Jahren gesehen habe. *Agnes Martin?* Ihr dort drüben kennt sie oder ihre Bilder? Nein? ›So könnte er aussehen, der im Buddhismus beschworene Zustand der Erleuchtung‹, schreibt Andrea über sie und zitiert die Malerin: ›Beauty is the secret of life.‹

›Was ist zu sehen?‹, fragt Andrea gleich zu Anfang ihres Artikels. ›Zunächst einmal nichts als Weiß. Doch ein jedes Bild erhält durch minimal abgetönte horizontale Farbstreifen und gitterartig aufgetragene Bleistiftlinien eine andere Tiefenstruktur. Erst auf den zweiten, dritten und vierten Blick erkennt man die filigranen Muster, die auf der Fläche zu tanzen scheinen, als wehte ein leichter Wind durchs Bild.‹

Agnes Martin ist die Frau, die der Welt eines Tages den Rücken gekehrt hat. ›I paint with my back to the world‹, sagte sie, alt geworden. Der Kunstbetrieb war ihr nicht bekommen. Zwölf Jahre in New York, in den späten Fifties, inmitten der Künstlerszene von damals – Andrea nennt Ellsworth Kelly, James Rosenquist, Robert Indiana, Jasper Johns, Lenore Tawney, Robert Rauschenberg, Barnett Newman –, zwölf Jahre in diesem Zirkus der Exaltationen waren für sie zu viel.

Ihr späterer Weg und ihr Erfolg sind ihr nicht in den Schoß gefallen. ›Die spirituelle Ruhe, die ihre Bilder ausstrahlen, verdankt sich dem Kampf mit den Dämonen. Als ihr Stern in den sechziger Jahren zu steigen begann, geriet sie in eine Krise: Ihre labile Psyche scheint dem Erwartungsdruck des Kunstmarkts nicht gewachsen gewesen zu sein. Schizophrene Schübe brachten sie mehrmals in die Psychiatrie. Sie gab ihre Malutensilien weg, kaufte sich einen Campingwagen und vagabundierte durch Nordamerika, um sich zwei Jahre später unter dem weiten Himmel New Mexicos niederzulassen.‹

Erinnert dich das nicht auch an Robert Altmans schönen Film *3 Women*? Ich habe den Verdacht, Agnes Martin könnte bei Altman Vorbild gewesen sein für jene geheimnisvolle Frau, auch eine Malerin, die in einer Gegend im amerikanischen Süden ihren ganz eigenen Weg findet: indem sie sich entzieht.

›Dem mehrjährigen Unterbruch ihrer Karriere folgte ab 1973 eine bis zum Lebensende dauernde produktive Phase‹, schreibt Andrea dann, ›in der Martin zunächst in ihrem selbstgebauten Lehmhaus abseits der Zivilisation und später in einem Studio in der Nähe einer Altersresidenz ihr poetisch-meditatives Œuvre schuf.‹

Sie wurde 92, und obwohl sie sich von der Welt abgewandt hatte, sei diese in ihren abstrakten Farbbildern, ihren ›vibrierenden, fast immateriellen Flächen aus Licht‹, ganz nah geblieben. ›Freilich nicht so sehr die materielle Welt als vielmehr so etwas wie deren *Essenz*. Die Natur, das Licht, das Gefühl, das uns in einer Landschaft ergreift, kurz: das, was man eigentlich nur in der Lyrik in Worten erfassen kann.‹

Agnes Martin habe, so Andrea, oft stundenlang bewegungslos auf einem Stuhl gesessen, bis vor ihrem inneren Auge eine Vision des Bildes entstanden sei. ›Die Einsamkeit, die magische Landschaft New Mexicos inspirierten ihren Umgang mit Farbe und Linie, den sie unter dem Einfluss von Zen-Buddhismus und Taoismus mit spiritueller Energie auflud.‹ Die Natur erhalte in Martins Nuancen-Palette eine subtile Gegenwärtigkeit. Begeistert verweist Andrea auf Agnes Martins Meditationen in Blau: ›Sphärenmusik in reinem Azur.‹

Ich gehe gleich morgen ins Guggenheim. Vielleicht kommt Andrea mit, dann sind dort drei Frauen zusammen, wie bei Altman. Und wir beide werden uns, wie Andrea schrieb, ›in der hypnotischen Schönheit dieser Bilder wie in den Himmelserscheinungen endlos verlieren‹.

Herzlich, Deine Sophie-Charlotte«

———————————————————————

Liebe Sophie-Charlotte,

April-in-Paris / chestnuts in blossom …

Ich danke Dir sehr für die schnelle Übermittlung der Walter-Benjamin-Adresse hier in Paris. Bin immer mehr offline, besonders in Städten, in denen ich mich umsehen und nicht auf ein Display starren möchte. Es wird ringsum genug gestarrt. Und offenbar war es nicht schwerer, das in New York herauszukriegen, als hier, vor Ort.

Inzwischen bin ich dort gewesen.

Die Rue Dombasle ist eine ziemlich enge, triste Seitenstraße der Rue de Vaugirard auf der Höhe der Metrostation *Convention*. Oberirdisch dort ein mit Bäumen hübsch begrünter und dank einiger Brasserien lebensvoller Platz, oder Straßenkreuzung. Hingegen möchte ich eher nicht in der Rue Dombasle wohnen.

Die Straße, von verschiedenen Bauepochen geprägt, zuletzt sechziger, siebziger Jahre. Anderes ist Ende 19. Jahrhundert. Die Nummer 10, damals, zu Benjamins Zeiten, wohl ein Neubau, da würde ich sagen: Art déco. Es findet sich nicht die in Paris damals übliche Signatur eines Architekten, die Zierschrift an der Wand, Name und Datum. Du mit Deinem unnachgiebigen Blick würdest genauer hinsehen.

Fünf- oder sechsgeschossig das Haus, säulengestützte Balkone, hier *bassins* genannt, Rundformen, behäbig und fest gebaut. Qualität in einem Umfeld, in dem im Augenblick Baustellen und schäbige Läden dominieren. Die Trottoirs schmal, hundeverschissen. Man biegt also von einer belebten Menschengegend um die Ecke in ein staubiges Irgendwo. Die Häuser hoch aufragend, gewöhnlich und nicht jener Schmelz von Paris, den wir immer suchen. Man könnte auch sagen: Normalität.

Keine Namensschildchen am Klingelschild, sondern die hier üblichen Druckknöpfe für den Code. Über der Tür, einer Stahl-Glastür, wiederum mit Art-déco-Elementen, dann doch die Gedenktafel.

WALTER BENJAMIN / 1892–1940 / PHILOSOPHE ET TRADUCTEUR / DE BAUDELAIRE ET PROUST / A VECU DANS CET IMMEUBLE / DE 1938–1940.

Sie haben ihn also französiert und in ihr Kulturleben hineingenommen: Baudelaire und Proust und traducteur de ... Und wieder einmal nichts von ECRIVAIN. Unauffällig haben sie ihn arisiert, oder nicht: steht doch nichts von Judentum, Verfolgung und Tod, auf französischem Territorium.

Rührung stellt sich nicht ein. Man möchte keine Blumen niederlegen, in diesen Straßenstaub. Niemand, der vorbeikommt, kennt den Namen. Und so muss es eigentlich auch sein, der Flüchtige darf keine Spur hinterlassen.

Sophie-Charlotte, ich dachte: Er hat eigentlich höchst anständig gewohnt, in einem schönen Neubau, mit Balkonen vor den Fenstern und gewiss geräumigen Zimmern.

Im dritten Stock drehte sich ein Windrädchen. Dort wohnt jetzt wohl ein Kind. Oder eine romantische junge Frau. Oder eine Frau wie Du, Sophie, die ein Geheimnis bleibt. Wärst Du dazu imstande, Du, die Du oft ganz in Schwarz gehst, ein buntes Windrädchen in einen Blumenkasten auf Deinem Balkon zu stecken?

Ich machte kein Foto und begab mich gleich wieder nach *Convention* und in den Untergrund, nicht ohne von einer hübschen jungen Schwarzen um einen Beitrag für das Rote Kreuz angegangen worden zu sein. Meine Abwehrbewegung kam, bevor ich genau hingesehen hatte. Wir lächelten uns dann flüchtig zu. Aus Prüderie und Verlegenheit gab ich ihr nichts, was ich sofort bereute, als ich die Treppe in die Metro hinunterging.

Herzlichen Dank noch einmal für die Info & bis bald? Du wohnst so weit weg –

Dein *Himm*

———————————————————

HIMLICEK, lebenslang in Zügen unterwegs gewesen, steht auf dem Bahnsteig an einem Train de Grande Vitesse, Paris, Gare de Lyon. Schimmernde, tönende, hohe Halle. Eine halbe Minute vor Abfahrt erscheint eine Bahnbeamtin auf dem Perron, dunkle Jacke, Goldknöpfe, rote Mütze.

Himm sieht, wie sie die Pfeife an den Mund führt, hört sie pfeifen, sieht ihr Handzeichen zum Lokomotivführer hin. Langsam fährt der Zug an. Die Frau hat sich schon weggedreht. Sie bleibt auf dem Bahnsteigende zurück – in schier unendlicher Wiederholung ein Beamtenleben lang.

Das Kind hatte sich diese Ausrüstung gewünscht, wie es vieles wünschte, was es sah in der großen Welt: die rote Kappe, die Trillerpfeife, die Kelle. Lange ersehnt, die Stationsvorsteher-Garnitur.

Wie die Kinderpost. Mit Stempeln, Briefumschlägen und Geldscheinen. Die Kondukteur-Ausrüstung (Schaffner war ein Wort von jenseits der Grenze), Fahrkarten zum Abreißen, was das Kind nur selten tat, denn der Vorrat an Fahrscheinen war beschränkt.

Die Mädchen hatten, neben ihren Puppen, die Kinderküche, die sie gegen den Knaben beschützten. Diesem wiederum war jener Drucker-Kasten das Höchste, aus dem man mit Gummibuchstaben den eigenen Namen drucken und Briefpapier gestalten konnte. Der Vater hatte in nächtelanger und geheimer Arbeit einen Bauernhof nachgebaut, der dem entsprach, den man kannte. Ohnehin war in dieser Kinderwelt die Realität noch nicht ein Gegenüber, etwas, das dem Kind entgegenstand. Auch wenn es die Drohung schon vernahm, es würde eines Tages die Wirklichkeit noch kennenlernen. Das Kind war aufgehoben, ein Teil der Welt, ihr angehörig. Als wären Ich und Du noch nicht geschieden gewesen.

Bahnhofsvorstand spielen. Mit einer richtigen Mütze, auf der das Symbol der Eisenbahn angebracht war. Einer Pfeife, die schrillte; in ihrem Innern das Holzkügelchen, das sich rasend drehte, wie rasende Fahrt. Die Kelle, rund, weiß, mit rotem Rand.

Das Wegfahren, das Fahren sind wohl gemeint gewesen, und vielleicht sogar das Wiederkehren, dorthin, wo es das Sichere noch gab.

———————————————————————————————

2

Café de l'Univers

—— —— —— —— —— —— —— —— —— —— —— ——

DER NAME hatte ihn sofort alarmiert und wie eine nur für
ihn bestimmte Botschaft erreicht. Die Großartigkeit des An-
gebots, und die Bescheidenheit eines klapprigen Bistros. Das
kleine Café mit seinen trüben Glasfenstern auf diese Seitenstraße hin, und das Versprechen, hier einmal ins Aller-
größte eintreten zu können. In einem Pariser Bistro, einem,
wie es sie zu Tausenden gibt, dem Unendlichen zu begegnen.
Dem Universum, mit Milchstraßen und Galaxien, hier, gleich
hinter diesem schmalen Trottoir. Himlicek ist daran vorbei-
gelaufen. Eine leichte Messingklinke hätte er niederdrücken
müssen, das Klingeln der scheppernden Tür auslösen, um,
wie mit dem Glöckeln der Wandlung, plötzlich im All zu stehen. Im All der Dinge. Denn wenn es einen Ort gibt, wo alle
Dinge versammelt sind, überschaubar, kann das nur ein
Café sein, das für ein Universum steht.
Café de l'Univers!
Aber Himm hat damals nur einen flüchtigen Blick in die
Seitenstraße geworfen und ist auf seinem Weg weitergegan-
gen, so wie man oft an etwas vorbeigeht und zu wenig auf-
merkt, obwohl man eine Botschaft spürt, von der man erst
später ahnt, was sie für einen hätte bedeuten können. Die
Flüchtigkeit einer Wahrnehmung lang ist man etwas We-
sentlichem nahe gewesen. Dann ist es wieder dahin.
Jahre später sucht einer es dann, sein *Café de l'Univers.*

Er hat es nicht vergessen können, die ganzen Jahre nicht: das Versprechen, von dem er nicht einmal weiß, was es verspricht. Nur der Ruf hat ihn verfolgt, wie von fern, und lässt ihn nicht los.

So einer fährt, einer Ahnung folgend, dann einmal dorthin, wo er es in seiner Erinnerung vermutet, in das Quartier hinter der Butte Montmartre.

Eine Pariser Gegend ohne viel Tourismus. In den Quartierstraßen, rue Ordener, ein Gewimmel, Menschenstrom, Mahlstrom, Miteinander oder Durcheinander; das hat etwas lange Geübtes, Eingeübtes. Nicht einzelne Schwarze unter Europäern, Farbige in der Überzahl; Afrikaner, Schwarze, Berber, Nordafrikaner, Frankreichs koloniales Erbe, das ins Mutterland strömt. Man drängt sich, eine bewegte Herde von Häuptern, wogend, zwischen Cafés, Auslagen, Straßenhändlern, die ihre Ware auf dem Pflaster ausgebreitet haben, Marktständen. Von dorther Fluten von Farben, die in dem Gedränge aufleuchten, das Violett der Auberginen, Dunkelgrün der Artischocken, Gelb der Zitronen und strahlendes Orange der Orangen, alle Arten von Grün von den Gemüsen, weißer Rettich, Karamel der Kartoffeln, mattes Samtgrün der Kenia-Böhnchen, Kirschblütenweiß des Blumenkohls. Alles in Bergen, Schichtungen, Pyramiden dem Auge dargeboten, angepriesen, verführerisch in den schräg aufgestellten Kisten und Harassen, diese wiederum mit blauweißen und gelborangen Bändern, die Herkunft und Produzenten vermelden, Universum des Gewachsenen, Gezogenen, Gezüchteten, Angebauten, Kosmos des Kultivierten. Im Gesumm, ja Brummen Hunderter von Stimmen, von Sprachen, Dialekten, in Bewegung, Gedränge. Man schiebt, man stößt sich, alle von einem Ziel bewegt, jeder von einem anderen. Das treibt wie ein Strom, verzweigt sich in die Seitengassen oder schiebt und stößt sich weiter, straßenabwärts, und dies alles in beiden Richtungen, straßauf, straßab, den Häuserseiten pair und impair, die Ströme sich verflechtend, durchdringend oder gegeneinanderstoßend, sich durchmischend, sich streifend, weiterziehend, irgendwohin. Und manches Grußwort fliegt vom einen zum anderen.

Soll Himlicek einen von den Passanten nach seinem *Café de l'Univers* fragen? Wen denn von den vielen? Läppische Vorstellung. Der Blick hält sich nicht am Einzelnen fest, Himlicek als Kapsel, Tauchboot in dem schiebenden Stoßen. Die Cafés, an denen es ihn vorbeitreibt, heißen *De la Poste, Du Marché, Au Bon Coin, Commerce.* Ein kleines, schmales Hotel hinter den Marktständen mit einem Eingang, der offen steht, will immerhin ein *Hôtel de l'Avenir sein,* nicht gerade *Univers,* doch auch dies eine kühne Behauptung.

Himlicek blickt in die Seitenstraßen. Hier geht es ruhiger zu. Ein altes Bistro ist mit verlotterten Holzläden geschlossen, die geborstene Eingangstür über und über mit Plastik verklebt, auf dem Rest einer zerschlissenen Markise flattert noch das Wort HEINEKEN.

Vor einem kleinen, mit schwarzen Eisengittern eingezäunten Park kommt Himm an zwei Anwohnern vorüber, Mann und Frau, die auf dem Trottoir stehen und sich miteinander unterhalten und ihn eher misstrauisch als interessiert mit einem Seitenblick bedenken.

Der Park hinter ihnen, die Grünanlage, das Pissgestrüpp, das liest er auf einer Hinweistafel der Stadt- oder Quartierverwaltung, ist eine Art schäbiger botanischer Garten und ist als *Parc Naturel Léon Serpollet* angeschrieben. Nichts und niemand lockt die Tafel in das ungepflegte Naturreservat – wie weit von hier sind die Tuilerien, der Park des Palais Royal, die Lebensoase des Jardin de Luxembourg.

Kein *Café de l'Univers,* nein, ein Welt*ende.* Nicht All und Universum, und sternenweit von einer *Mos Eisley Cantina* entfernt, diese auch unter dem Namen *Chalmun's Cantina* bekannt – ein *Café de l'Univers* weit draußen im All, auf dem Planeten Tatooine. Der Lieblingstreffpunkt der Weltraum-Lastenflieger-Piloten, einem rechten Sauhaufen, einer Horde

Außerirdischer. Die *Mos Eisley Cantina,* in der Androide Lokalverbot haben, weil sie keinen Alkohol trinken und in der die Band *Figrin D'an and the Modal Noodles* einen Jazz der terrestrischen vierziger Jahre spielt. *Star Wars* und seine *Cantina,* was für eine vielversprechende Adresse – und wo bleibt nun das *Café de l'Univers*?

Könnte ja auch als durchaus universeller Ort verstanden werden, sein *Café de l'Univers,* mit den unzähligen Dingen, die zu ihm gehören und es ausmachen. Nicht nur den Tassen und Tässchen, den Untertassen und Untertässchen, den Wein-, den Schnaps-, den Biergläsern und -gläserchen, den Flaschen, irdenen Krügen mit der Prägung *Ricard* oder *Pernod,* nein, der ganzen Quinquaillerie, dem Ginggernillis, der hier versammelt sein könnte, mit seinen Tellern und Schüsseln, Löffeln, Löffelchen, Gabeln, Messern, vielleicht sogar Messerbänkchen, den Schöpflöffeln, Kellen, Sieben und Siebchen, den Krügen, Untersetzern, Tischen, Stühlen, Leuchtern, Streichhölzern, alten Keramiksicherungen, den Schlüsseln in der Schublade unter der Kasse bis hin zu den Fliegenfängern und Klobürstchen in der engen Toilette. Dem Klopapierspender. Der abgegriffenen Seife am Lavabo. Dem Münztelefon mit einer unbekannten Zahl von Jetons darin. Schon die drei, vier Dinge, die dort auf der Messingtheke liegen würden, zwei alte Zeitungen und eine offene Brille darauf, die Zuckerdose aus Aluminium mit dem aufklappbaren Deckel in Form einer Viertelskugel, der rechteckige Krug mit der Aufschrift 51' und das braune Plastiktellerchen, in dem zwei Münzen liegen – das alles ist auch ein Universum.

Aber Himlicek findet und findet es nicht, sein *Café de l'Univers.* Gibt zwischendurch auf, kehrt ein in einem Bistro, das dem gesuchten ungenau entspricht, drei unrasierte Stammgäste, mit einem Ballon Rouge vor sich, die ihre Zeche mit Zehner- und Zwanzigermünzen auf die Theke klappern, den Zinc mit dem abgegriffenen Bierhahn dahinter,

77

LEFFE, und wenn er sich umdreht, an die Theke gelehnt, sieht er durch die Scheibe mit der nun spiegelverkehrten Aufschrift CAFÉ – RESTAURANT – BAR, in einem Halbkreis angeordnet, auf dem das Wort Restaurant das viel zu viel versprechende Apogäum bildet ..., wenn er, die in die Jahre gekommene Kaffeemaschine im Rücken, dort hinaussieht, was sieht er? Sieht einen vorübergehenden Schönling, einen rosarot behemdeten Fant, sieht nichts als die ganze irdische Vergeblichkeit in Gestalt einer mit Brillantine zum Himmel hoch gekämmten Irokesenbürste, nur lächerlich, sieht nichts als die sinnlosen Ansprüche einer solchen Existenz, die jenen Kerl, hätte er nur den Funken eines Funkens Vorstellungsvermögen von seiner irdischen Statistenrolle, unmittelbar dazu bewegen müsste, sich kopfvoran vom Trottoir in den Rinnstein zu stürzen.

Aber der Rosarote geht weiter, eitel, unbelastet von dem Scheitern, das mit dem Café und der Fensterscheibe und dem Trottoir und ihm als Spiegelbild darauf *greifbar* ist, dem Scheitern, der Sinnlosigkeit, der Pleite einer aufgeplusterten Existenz, jeder Existenz, hier, wo einer geschrieben hat: »Exister c'est bricoler dans l'incurable.« Und weitergelebt hat mit dieser Einsicht und sich nicht vom Trottoir gestürzt, und weiter geschrieben, und weiter marschiert, durch die Stadt und an den Wochenenden durch die Wälder der Banlieue, als könne man, wenn man nur stramm genug ausschritte, seinen eigenen unwiderleglichen Einsichten davonlaufen.

Wir hintergehen die Gewissheit der Sinnlosigkeit, des Scheiterns, des Wiederscheiterns, des Immerwiederscheiterns mit den Wörtern, retten uns in die Wörter, obwohl wir wissen, dass wir rettungslos sind.

Himlicek kann das Café von einst nicht wiederfinden. Das ist der ganze Befund. Damals, ja damals!, hätte er sofort auf es zugehen müssen.

Die Sommerhitze nimmt zu, sein Überdruss auch. Schließlich findet er an der Ecke, an der er sein *Univers* noch vermuten könnte, ein Etablissement, das angeschrieben ist mit *La Belle-Mère qui fume.* Was für ein abgeschmackter Scherz. Geht weiter, der Metrostation entgegen, der kühlen Unterwelt.

Gehört die Unauffindbarkeit zu einem Café, das sich dem Universum verschrieben hat? Ihm hatte, damals und all die Jahre später, die Absurdität gefallen, die in dem Namen mitklingt – die lächelnde Sinnlosigkeit, ein ganz und gar durchschnittliches Pariser Café ins Universum zu delegieren, als ob es dort ein Zentrum sein dürfte. Und hat sich nun, und wohl für alle Zeiten, zu begnügen mit einem Café-Bar-Restaurant mit drei unrasierten Stammgästen und den üblichen siebenmal Siebensachen, eben, mit dem Gewohnten und dem Gewöhnlichen.

3

Figures in a Landscape

––

»SEIN GENITAL trägt er locker in der Trainerhose«, kritzelt
er in sein Büchlein. »Er will, dass man um dessen Vorhandensein weiß. *Nie* Unterhosen! Er hat oft betont, wie wichtig
ihm das Ding ist, und wie rege er es benutzt. Ich *brauche
das einfach,* sagt er mit einer gewissen Empörung, die mit
ihrem hohen Ton unterstellt, dass der andere zu wenig tue
auf dem Gebiet.«

Jedes Jahr im Juni fährt Himlicek in dieselbe Pension im
Süden. Wenn er im Juni fährt, vermeidet er die Sommer-
ferien. Über die Jahre hat er sich mit einem Schauspieler
angefreundet, der in der Nähe ein eigenes Haus hat, ein be-
scheidenes Haus. Eines Tages hat er damit angefangen, ihn
zu notieren, seinen italienischen Freund.

Fritz Müller-Grabbe, einst klingender Name auf der deutschen Schaubühne, jetzt und schon lange in seiner italienischen Verborgenheit. Schmollend? Etwas gekränkt, das
schon.

Fritz' T-Shirt ist zerlöchert. Von eigener Hand draufgemalt
trägt es die Aufschrift: *Nein!*

Seine Barttracht wechselt alle paar Wochen, aber immer
ist es eine, die verwildert wirkt. König Lear? Er sagt, er
trage den Bart je nach Rolle; aber er rettet ihn in seinen
Privatauftritt und hätschelt ihn da, da wo er nichts anderes
spielt als sich selbst. Er wäscht sich vorsichtig. Das sagt er

selbst. Er muss seine Ausstrahlung pflegen, die darf nicht abgewaschen werden.

Hatte Hamlet einen Waschzwang?, fragt er. Na, also.

Ohne seine Bierbüchse in der Hand sieht Himlicek ihn den ganzen Sommer über nicht. Er steigt mit der Bierbüchse in der Hand in sein Auto, er hat die Bierbüchse in der Hand, wenn er wieder aussteigt. Mit der Bierbüchse sitzt er an einer Ecke am Tisch seiner Freunde und redet stark und deutlich, als könnte er hier, wo er privat ist, seine gelernte Sprache verlieren. Die Sprache des Schauspielers ist eine, die dieser sich nachträglich angeeignet hat, erst nach seiner eigenen, und eine, die er, würde er sie nicht regelmäßig üben, wieder verlieren könnte.

Die Bierbüchse ist das Requisit, das er in der Freizeit braucht. Ohne Ausstrahlung ist einer kein Schauspieler, ohne Requisit aber auch nicht. Oft sieht es ja so aus, als werde ein Schauspieler durch sein Requisit auf der Bühne gehalten. Es muss nicht immer ein Schädel sein, es genügt ein Regenschirm, ein Schuh, den einer umständlich anzieht, ein Kamm, mit dem eine Schauspielerin gestikuliert, ohne dass sie sich damit je durch die Haare fährt.

»Durch die Haare *führe*«, würde sein Studienobjekt sagen. Der trägt übrigens niemals Schuhe, nur diese Crocs, ohne Socken. Ein Schauspieler hört nicht an den Knöcheln auf, heißt das. Es gilt, auch für die Füße eine Rolle zu finden.

Bei einem seiner seltenen Auftritte in der Öffentlichkeit erscheint er gestylt, in gestreifter Hose, geflochtenem Gürtel, weißem Hemd, Weste, Hut auf. Und als Clou, schon wieder die Füße: in Stiefeln aus Schlangenleder. Damit man sofort sieht, er kömmt! Er kommt im histrionischen Konjunktiv: *Ich wäre nun hier! Ich würde hergekommen sein!* Was der Schauspieler liebt, sind starke Flexionen: Er *frug*! Was er gewissenhaft pflegt, ist der Genitiv. »Gebt dem Kaiser, was des Kaisers ist«, dröhnt er.

Er *steht* dabei am Tisch; Himlicek und die Freunde sitzen. Er isst nicht mit den andern. Wenn die gegessen haben, schmiert er sich eine Schmalzstulle und erzählt weitschweifig von der Kindheit.

Vor dem Schauspieler sind alle Sätze gleich. Gleich gilt das Teil – gleich sein Gegenteil. Ein Schauspieler muss alle Sätze der Welt so sprechen können, als seien sie wahr. Wenn er lügen muss, lügt er wahr, das heißt, die Lüge muss als solche erkennbar sein.

Wenn Theater *die Kunst der Behauptung* ist, muss er ihr Meister sein, und wenn Behaupten eine Kunst ist, trägt er seine Behauptungen vor sich her wie Kostbarkeiten. Er zeigt sie dem Publikum so vor, wie damals Dexter Gordon nach seinem Solo sein Tenorsaxophon den Zuhörern hinhielt: *geformte Sätze.*

In der Pause *redet* das Publikum und unterhält sich selbst, während er in der Garderobe sitzt und schweigt: er hat *gesprochen.*

Weil Fritz Müller-Grabbe die Kunst der Täuschung beherrschen muss, kann man ihn nicht täuschen.

Und so kam es. Es gab zu feiern, und zu einem herrlichen Crémant d'Alsace kamen Canapés auf den Tisch, Gänseleber, ausnahmsweise. Der Schauspieler biss ins Baguettebrötchen und reagierte kennerisch.

»Aha«, sagte er, »Leberwurst.«

»Nein«, sagte mild die Dame des Hauses, »es ist Foie gras.«

»Nicht Leberwurst?«

»Nein, Foie gras d'oie.«

»Ach so. Leberpastete.«

Und nahm sich noch eins.

Bitte sehr.

Vom Zuschauerraum aus kann man Tee von Whisky auch nicht unterscheiden.

Dass jemand seinen billigen Konservenbüchsenaufstrich als *Foie gras* ausgibt, kommt allerdings häufiger vor als diese Posse, in der eine Gänseleber so kennerisch verkannt wird.

Hie und da scheint er damit beschäftigt zu sein, um sein Haus herum zu werkeln. Ein Ziereremit in behaglicher Einsiedelei. *Krautern,* nennt er das; er sammelt seltene Wörter im Gefäß seiner Sprache. Was ihn aber vor allem beschäftigt, ist die Kunst, sich einen Bart wachsen zu lassen. Um diesen daraufhin gleich wieder einzukürzen, umzuschneiden, wegzurasieren.

Seine Frau, welche auch eine Kunst beherrschen muss, nämlich die, ihn zu bewundern und unauffällig sein Leben zu organisieren, schlägt sich mit dem Alltag herum. Er beobachtet derweil, was sein Haarwuchs macht. Er sitzt am Tisch, brütet und fummelt dabei mit dem Handinneren am Bartwuchs herum. Das Kinn muss die Hand spüren, um ganz Kinn sein zu können, die Hand wiederum lernt Spüren an den Stoppeln.

Er fummelt, notiert Himlicek. Und sucht nach anderen Wörtern. Er *zwirbelt* seinen Schnauz, er dreht Locken in seinen Bart. Er fingert, frickelt, grabbelt, notiert Himlicek, er klütert, knoddelt, nestelt, nippelt, er polkt, pusselt und fingerspitzelt. Er *friemelt* im Bart, der um den friemelnden Finger herum im Wachsen ist. Das alles soll ausdrücken, dass der Schauspieler sich mit sich selbst beschäftigt. Er *zoppelt,* er *zupft;* er *wuselt* wie sinnierend, notiert Himm, er wuselt ohne einen Gedanken, gedankenverloren.

Dann wieder Glatze.

Dann, im Handumdrehen, lange Haare, strähnig, weißgrau, unordentlich: doch König Lear. Er hat ihn nicht gespielt. Nein, sagt er traurig, »das hat man mir *versagt*«, die Stimme gehoben, gestützt. Es muss sich um eine Intrige gehandelt haben. Schauspieler sind immer Opfer von Intrigen.

83

Die Glatze erinnert uns an eine andere Intrige, an die des Dorfrichters Adam in Kleists *Zerbrochenem Krug.* Dort spielt eine Perücke neben einem zerbrochenen Krug die Hauptrolle, eine Perücke, die schreiend sichtbar fehlt auf der mit zwei tiefen Wundmalen verunstalteten Glatze.

Die Wunde heut und gestern die Perücke.
Ich trug sie weiß gepudert auf dem Kopfe,
Und nahm sie mit dem Hut, auf Ehre, bloß,
Als ich ins Haus trat, aus Versehen ab.

Adam erscheint wie nackt zu der Verhandlung, die er leiten soll und die ihn, wie einst bei Sophokles, als den Schuldigen überführen wird. Er untersucht, wie Ödipus, seinen eigenen Fall – entblößt von einem Requisit seines Amtes, mit nacktem Schädel, ehrlos.

In dem Weinstock vor Evchens Kammer hat er seine Perücke hinterlassen, die nun gegen ihn zeugen wird, dort außerdem eine Kuhle im Schnee, »als ob sich darin eine Sau gewälzt«. Dazu Abdrücke seines Pferde- oder Schwellfußes, links, und – als ob das alles Kleist nicht reichen würde – einen Gestank wie Pech und Schwefel, »und hinten Dampf, wenn ich nicht sehr mich irre«. Überdies einen Haufen Scheiße an einem Baum auf seinem nächtlichen Nachhauseweg, seine Spur, die hinten zu seinem Haus führt, aber vorne nicht mehr heraus.

Als Frau Brigitte die Perücke beibringt, ist's um den Dorfrichter geschehen.

Gerichtsschreiber Licht: *Hm! Die Perücke paßt euch doch, mein Seel / Als wär auf euren Scheiteln sie gewachsen.*

Abgesehen von der Frage, weshalb das Wort *Scheitel* hier im Plural steht: der Fall ist gelöst, und die Perücke hat unserem Schauspieler – hat auch *er* einmal den Adam gegeben? – das Recht zugesprochen, seine Haartracht jederzeit als Teil seines Berufs zu betrachten –

Jetzt seh'n wir ihn vergnügt beim Friemeln –

Bart also. Des Schauspielers Bart. Während im Allgemeinen
ein Bart seinem Träger jene Bedeutung geben muss, die er
sonst an sich vermissen würde, sind die wechselnden Bart-
trachten des Schauspielers zunächst nicht auf ihn selbst,
sondern auf die durch ihn intendierte Figur bezogen. Sein
Nicht-Ich trägt den Bart, nicht er. Nun rückt aber die deutsche Schaubühne der Praxis immer näher, nach der der
Schauspieler von sich etwas geben muss, von seinem eigenen Ich, etwas, das früher kein Publikum interessiert und
die Kritik nur gelangweilt hätte. Je mehr die Schauspielerei
in ein Vorführen der eigenen Person und ihrer möglichen
Konflikte – und nicht mehr der des Theaterautors – mün-
det, umso »reflexiver«, um es mal so zu nennen, wird dann
seine Barttracht.

Himliceks Lebenslauf ist mit Schauspielern gespickt. Als
kleines Kind, an der Hand seiner Mutter, in den Sommerfe-
rien, im Süden, sieht er zu einem stoppelbärtigen Mann auf,
der mit großer Stimme mit der Mutter spricht. Er spricht
Deutsch, jedoch ein anderes, als Himm bekannt war.

Was hat der Mann gesagt, fragt Klein-Himm, warum
spricht er so?

Er darf seine Sprache auch in den Ferien nicht verlernen,
sagt die Mutter.

Warum kann man Sprache verlernen?

Später erfährt Himlicek: auch Musiker müssen immerfort
üben. Die Besten übrigens am meisten.

Ein so entbehrungsreich gestemmtes Können muss dau-
ernd hochgehalten werden.

Zum Theater gehören seine Anekdoten. Auch Himlicek hat
eine. Einmal, lange ist's her, steht er mit einer großen Dame
des deutschen Theaters auf dem Sandstrand von Ischia. Es
ist Abend. Man blickt gemeinsam über den im Gegenlicht
glitzernden Wasserspiegel und den leisen Wellengang. Da er-

hebt sich, Schritt für Schritt größer werdend und schließlich bei den beiden ankommend, eine Männerfigur aus dem Wasser. Ach, sagt die große Schauspielerin, das ist ja … Und sie stellt vor, mit ihrer besten Bühnenstimme, Stentorstimme, ihrer Sonntagsstimme, als der andere dasteht: Mein junger Freund Himlicek – Generalintendant Professor Gustav Rudolf Sellner …

Man gibt sich die Hand, im Badekostüm stehend, jeder denkt zwanghaft an sein Gemächte, das hier ganz und gar überflüssige, aber man steht so formvollendet, als stünde man im Abenddress im Foyer des Darmstädter Theaters, wo dieser Sellner auch herkommt. Es war wohl einerseits das Wort »Generalintendant«, das den förmlichen Abstand zweier Badehosen bewirkte, aber andererseits auch – und noch mehr – eine Gnade, die aus jenem Beruf kommt. Solche Menschen sind eben nicht nur fähig, Figuren zu kreieren – sie können auch Räume schaffen.

Der Schauspieler stellt nicht nur jemand anderen vor auf der Bühne, einen, der er selbst nicht ist. Er stellt zugleich sich vor und aus, *er kann mit nichts anderem als mit sich selbst arbeiten.* Freilich in einem anderen Licht als dem alltäglichen, das heißt in einer Art von Erscheinung, mit der er sonst nicht auftritt. Er verstellt sich nicht, er stellt sich aus, als der oder jener, und dieses Als hat immer schon zu ihm gehört. Er ist es *gewesen* …, er holt es nun wieder hervor.

Dabei begleiten ihn Attribute, Requisiten genannt. Bertolt Brechts Anweisung an die Darsteller der Bettler in der *Dreigroschenoper,* sie sollten immer eine Zahnbürste in der Brusttasche tragen, war von dieser Art: sie sollte den Darstellern helfen, zu zeigen, dass gerade im sozialen Abstieg der Einzelne noch auf Attribute des früheren Lebens nicht verzichten kann: sie erinnern ihn daran, wo er herkommt – dem Zuschauer jedoch zeigen sie, wo es ihn einmal hintreiben könnte.

86

Der Nachbar und Schauspielerfreund muss nun zu Proben für einige Zeit in den Norden fahren. Als Himlicek ihn zur Bahn bringt, ist Fritz zu seiner Überraschung so glattrasiert, als hätte er sich am ganzen Körper enthaart. Er trägt eine einfache Hose, ein dunkles T-Shirt, darüber ein leichtes Jackett. Er hat wieder seinen steifen Hut auf, seinen *Außenwelthut,* in der Hand hält er eine kleine, weiche Reisetasche, das Requisit für seine Siebensachen. Er reist unbeschwert, ganz Künstler, mit leichtem Gepäck, wie einer, der bald zu Hause sein wird. Und das stimmt auch – wird er denn nicht auf der Bühne *erwartet?* Himlicek sieht ihm nach, wie er zwischen den Menschen verschwindet, der steife Hut obenauf wie ein Korken auf dem Wasser.

»Er ließ seine Kiste im Konsulat zurück«, das findet der Zurückbleibende dann bei Melville, »und nahm für seine Utensilien nur seine Reisetasche mit. Das ist fast so, als ginge man nackt; aber mit seiner Barttracht brauchte er kein Necessaire – nur eine Zahnbürste – ich kenne keinen unabhängigeren Menschen.« Auch Melville trug in erster Linie einen Bart, und – so vermutet Himlicek – statt aufwendiger Kleidung Manieren.

Himlicek stellt sich seinen Schauspieler schlafend vor. Was macht der für ein Gesicht, wenn ihm keiner zusieht? Mimt er in einer Art mimetischer Endlosschleife einen Schlafenden, wenn er schläft? Wir alle kommen nicht heraus aus unseren Masken, und man kann sagen: Der andere hat keine Ahnung von uns. Aber der Schauspieler spielt es vor, dass wir nicht herauskommen. Denn auch ohne Kostüm und Maske ist der in Kostüm und Maske, ein Selbstdarsteller als der Schauspieler, der einen Schauspieler vorstellt – wie jene Babuschkas, bei denen aus einer Puppe nur immer wieder eine Puppe kommt.

Himlicek hat ihn gern, seinen Fritz, so wie er ist, und er ist fasziniert davon, was der alles aufführt. Seinen Auftritt spielt Fritz immer an der Rampe, ganz vorn, und dort sozusagen auf Zehenspitzen, auch bei sich zu Hause. Man sieht ihn nicht nur neubärtig, wenn man ankommt – er reckt dir auch noch seinen Kopf entgegen, das Kinn nach vorn, und er sagt es, sofort: »Ich muss mir für die Rolle eines Richters den Bart wachsen lassen.«

Und dann, ganz Historiker, ganz verantwortungsbewusst: »Trug man nicht damals, in den zwanziger Jahren, noch einen gezwirbelten Schnauzer?«

Ein anderes Mal. Ein Fernsehmann hat angerufen. Es ist eine Rolle vom Anfang des 20. Jahrhunderts zu entwerfen, Weimarer Republik. Das vergangene Neunzehnte soll in der Rolle noch zu spüren sein. Der Schauspieler will einen »steifen Stock« spielen, wie er sagt. Der Bart, den der steife Stock tragen soll, wird ausführlich bedacht. Ein altes Konversationslexikon muss helfen. Das Wort »Wilhelminismus«. Der Bart soll ein Vollbart sein, mit Schnauzer, links und rechts gezwirbelt.

Himlicek schließt aus dem Nachdruck, mit dem Müller-Grabbe diese Erwägungen vorträgt, dass der Bart die Rolle für den Schauspieler übernehmen soll. Der Bart, den der Schauspieler sich ausgedacht hat, soll auftreten, und dahinter verborgen – wie einer, der sich eine Maske vorhält – sein Träger.

Das kann im Fernsehen reichen. In der Großaufnahme. Im Theater braucht es mehr, denkt Himlicek. Und stellt sich eine Übung für Schauspieler vor: Der Schauspieler ist glattrasiert, er *spielt* seinen Bart. Der Zuschauer, der das Theater verlässt, muss schwören können, der Schauspieler habe einen Bart getragen.

Nun ist er kahlgeschoren. Kopfkugel, Kugelkopf. Kein Bart. Leicht geröteter Schädel. Ein wenig sieht er nun aus wie Erich von Stroheim in *Sunset Boulevard*. Als der Freund das ausspricht, reckt der andere das Kinn vor: er kann auch

Stroheim. Himm, der weiß, wie viel schwerer es ist, eine knappe Skizze zu machen als eine Ölschwarte zu pinseln, bewundert die rasche, genaue Bewegung. So müsste man schreiben können. *So müsste man spielen.* Aber auf der Bühne fallen sie dann doch immer in die große Geste.

Der Schauspieler hat bessere Tage gesehen, wie man allzu leicht sagt. Wie das manchem so geht, und nicht nur Schauspielern: Man fällt von der Rolle. Dieser andere hat sich in den Süden abgesetzt. Die Theater wussten sich zu rächen, an seinem schwindenden Erfolg wie an seinem Abschied nach Italien. Großen ist es so ergangen, von denen man nur weiß, weil sie mit Glück noch einmal auf die Beine kamen: der alte Minetti zum Beispiel.

»Lear«, knarrt Fritz mit Minettis Stimme, »Lear – in Ensors Maske«, Thomas Bernhard, er weiß, wie gerne Himlicek das immer wieder hört.

Eines Abends, der Halbmond steht zwischen den Baumkronen wie vorgeschrieben, und von einer Seite leuchtet schwach eine Laterne auf den freien Platz zwischen den Bäumen. Ja, wie vor-geschrieben:

This lanthorn doth the horned moon present –

Zauberhaft verzaubernd schon jetzt die Szene, als Himms Freund Fritz, auf Zehenspitzen auf dem staubigen Platz vor dem Haus steht, und nun, wie mit Kinderstimme, leise, beschwörend die Verse des Pyramus sagt:

O Nacht, so schwarz von Farb', o grimmerfüllte Nacht!
O Nacht, die immer ist, sobald der Tag vorbei!
O Nacht! O Nacht! O Nacht! Ach! Ach! Ach! Himmel ach!
Ich fürcht', dass Thisbes Wort vergessen worden sei.

Und nun, und alle hielten den Atem an:

Und du, o Wand, o süss' und liebenswerte Wand!
Die zwischen unsrer beider Eltern Haus tut stehen;
Du Wand, o Wand, o süss' und liebenswerte Wand!
Zeig deine Spalte mir, dass ich dadurch mag sehen ...

Der Freund hebt langsam die Hand, streckt langsam den Finger, und man sieht die Wand, und man sucht mit den Augen die Spalte, durch die die Liebenden sich für einen kurzen Augenblick sehen können ...

Hab' Dank, du gute Wand! Der Himmel lohn es dir!

Es muss nun keinen Applaus geben; man hört ein etwas verlegenes Lachen in der Nacht. Aber Himm hat die Szene nie schöner, nie dringlicher, nie einfacher gesehen. In dieser Frühsommernacht erscheint Shakespeare persönlich vor dem Haus seines späten Kollegen.

Wie gesagt, Himlicek mag den Fritz. Seine Verlorenheit berührt ihn. Und jene immer spürbare Zartheit in dem großen Mann.

Mitleid ist nicht gefragt, Bewunderung angebracht. Oder Brüderlichkeit. Der ist ein Kerl geblieben. So viel der daher redet und sagt und spricht und peroriert: nie beklagt er sich über den Weg, der ihn hierhergeführt hat, an diesen Punkt in der nichtdeutschsprachigen Welt, ins Off der deutschen Schaubühne, wo seine Laufbahn mit einem Ruck zu einem Haltepunkt gekommen ist. Hier wächst der Lorbeer in großen Büschen, aber niemand mag ihn zu Kränzen binden. Im histrionischen Abseits, hinter den sieben Bergen, und nicht in jener Toskana, wo die großen, die unübersehbaren Regisseure des deutschen Theaters, die in der Jugend Revolution gemacht haben, im Alter ihr Olivenöl hätscheln. Im Winter sitzt er an seinem Kamin, vielmehr lagert er davor auf einem alten Sofa, unterhält mit groben Klötzen, die er, gegeneinandergelehnt, langsam herunterglüht, ein stetiges Feuerchen und liest in alten deutschen Zeitungen, welche ihm andere hinterlassen haben. »Er hat alle großen Rollen gespielt; er gab sogar einmal den *Nathan*«, raunt man. Ihn zu fragen, getraut Himm sich schon nicht mehr. Es ist nicht klar, wie einer mit solch zweischneidigem Nach-Ruhm umgehen soll. Er selbst spürt sich, wie er knapp unterhalb des Bemerktwerdens lebt. Er redet sich ein, er habe es so gewollt.

»Nur den *Hamlet* hat er nicht gespielt.«

»Einmal, in Basel, war er der *Prinz von Homburg.*«

»Ich glaube, er war der Valerio in *Leonce und Lena.*«

Die Tür ist zu. Aber der, über den man das sagt, anerkennend, aber eben vom Ende her, der atmet doch noch! Manchmal möchte man schreien vor Schmerz –

Fritz Müller-Grabbe. Vielleicht konnte einer mit einem solchen Namen keine dauerhafte Theaterkarriere machen. Andere kommen aus der Maske, kaum geschminkt, und sie treten auf mit ihrem eigenen Gesicht, so berühmt sind sie geworden. Bruno Ganz war so einer geworden. Fritz kämpft mit Herzbeschwerden. Sieben Stents, sagt man, hat er sich schon setzen lassen. Eine Aortaoperation käme nicht in Frage, die Gefäße zu schwach. Oft liegt er am Nachmittag im Bett, eine Bierbüchse neben sich, das schon.

In seinem verwilderten Garten hat er, auch darin ein Eigenbrötler, alte Autos gesammelt. Motorhauben rosten still, Felgen sacken auf die platten Reifen. Kleine Fiat 500, *Cinquecentos,* die anderswo teuer gehandelt werden, versinken friedlich im Gras, das um sie herum aufschießt. Nichts hat mehr die Aggressivität eines Berufs, in dem man unentwegt an die Rampe drängen muss.

Ins Licht! »Ich bin nicht anders als Sie, ich stehe einfach im Scheinwerferlicht«, sagte Harvey Keitel, ein Großer des Films, zu einem jungen Mann, der ihn interviewte.

Es stimmt nur nicht, lieber, verehrter Harvey: Sie stehen nicht *einfach* im Licht.

Sie stehen einfach *im Licht.*

Das *Licht* macht den Unterschied. Wer im Kino sitzt oder im Theater, sitzt nämlich im Dunkeln. Ihre liebenswürdige Bescheidenheit, Keitel, rettet nicht den Umstand, dass Sie, im Licht, Ihre Person vervielfachen, vertausend- und verabertausendfachen, in jedem Saal, in dem der Film gespielt wird, in jeder Vorstellung.

Vorstellung heißt das auch auf dem Theater. Und findet das oft genug statt, nennt man den dort vorn einen *Star,* im Theater einen Bühnen*künstler,* einen *Protagonisten,* und wir da unten bleiben namenlos und unauffällig.

Das Licht scheidet die Welten, und die einen sind im Licht, und die andern sind es nicht, und daher ist auch der allererste, der allerdringlichste Wunsch jedes Schauspielers: *Licht auf mich!*

Was für ein verzweifelter Ruf. Nein, für den Freund ist das Manna des Applauses versiegt. Sein Autofriedhof sieht aus wie eine Paraphrase auf Caspar David Friedrich, wie *Gescheiterte Hoffnung.* Der Schauspieler steht davor und streicht sich über den Bart.

Und so könnte Himm ihn wohl stehen lassen: als Einsamkeitsfigur im künstlerischen Abendrot.

Aber in diesem Fall hat ein Gott sich erbarmt. Thespis deroselbst. Am Freitagnachmittag kommt der Anruf. Am Montag fliegt Fritz nach Deutschland. Er hat übers Wochenende als Einspringer für eine Hauptrolle im Hamburger Theater sechzig Seiten Text gelernt und zwölf Lieder einstudiert. Am Dienstag steht er für eine Durchlaufprobe auf der Bühne.

»Licht an«, rufen die Kollegen, und unser Lazarus steht an der Rampe, davor das dämmrige Ungefähr des Zuschauerraums, graues Arbeitslicht. Am Mittwoch ist Premiere.

Eine Erweckung.

Noch einmal ist Fritz der große Müller-Grabbe. Er spielt das Stück drei Wochen lang, Abend für Abend, und er spielt es zwanzig Mal glorios zu Ende.

In jeder Szene der Aufführung habe er auf der Bühne gestanden, erzählt seine Frau. Himm sitzt mit ihr in der Küche im Süden, Fritz ist noch in Hamburg.

Vorhang, Applaus, Licht. Fritz in der Mitte der sich verbeugenden Kollegen, der Scheinwerfer findet ihn sofort, eine Hand nach links, eine Hand nach rechts.

Dann allein am Bühnenrand; unten tobt das Publikum. Nachdenklich kehrt Himlicek an dem Abend, als ihm das erzählt wird, in seine Pension zurück.

————————————————————————————

Liebe Sophie-Charlotte,

Du erinnerst Dich noch an Hasenböhler? Herbert H., genannt Herbie? Den groben H mit dem zarten Innenleben? Erinnerst Du Dich an den Kerl, dem es in seiner eigenen Haut nicht wohl war? Man merkte es dann, wenn er sich wie ächzend bewegte. Als müsse er ein Vehikel in Gang setzen, das für seinen Antrieb zu schwer war.

Hasenböhler ist tot. Das heißt: Er war es.

Warte.

Herbie tot? Erst ein toter Indianer ist ein guter Indianer, das dachte ich unwillkürlich (der Mensch ist ein Schwein), als ich vom Hinschied, Weggang, Verschwinden meines früheren Schattens und Verfolgers hörte. Ein Schatten, Sophie, der größer war als ich, jedenfalls breiter. Länger als du selbst sind deine Schatten ja alleweil.

Von wegen *Indianer:* die damaligen Eroberer, die Landdiebe und Revolverhelden aus Europa hätten ja die besseren *guten Toten* abgegeben als die Indianer, also diese Deutschen, Iren, Engländer, Franzosen, Polen, massenhaft Russen und wohl auch einige Eidgenossen, die damals über den neuen Kontinent herfielen. Das spürt man in Deinem New York vielleicht nicht mehr; Du bist zu nahe dran. Wir hier erkennen noch immer das Muster, zum Beispiel in eurem neuen Präsidenten, der Kanonenpolitik betreibt, wo immer er einen Beschluss fasst. Uns Altkontinentlern hat er nun auch den Krieg erklärt –

Hatte mir nicht auch dieser Hasenböhler mein Land weggenommen, die Luft darüber, meine Gegend im Quartier, die meine persönlichen Jagdgründe geworden waren, die

93

Läden, die angestammten Kneipen, die Bank in der Anlage? Und darin, weit wichtiger, die persönlichen Vertrauten, die Freunde? Ein invasiver Kerl und Brocken wie jene Siedler. Brach ungeniert in mein Weidegebiet ein, und wie jene Neuansiedler machte er fremdes Eigentum ohne Umschweife zu seinem eigenen. Herbie war besitzergreifend, ein frohgemut agierender Ellbogenmensch, der sich die Dinge unterwarf, als seien sie allein für ihn geschaffen worden. Genussfähig, toll, ein Baal, für den nur die fetten Wiesen in Frage kamen, *un gros mangeur,* Du erinnerst Dich, Sophie-Charlotte, Brecht: »Unter düstern Sternen in dem Jammertal / Grast Baal weite Felder schmatzend ab. / Sind sie leer, dann trottet singend Baal / In den ewigen Wald zum Schlaf hinab.«

Dabei verfügte Hasenböhler durchaus über Selbstironie. Den Schweren ist sie oft zu eigen, als würden sie sich ihrer Mächtigkeit schämen. Großgewachsene Leute haben eine Neigung zum Einknicken. Als einen *Monsieur Impossible* bezeichnete er sich selbst und häufig – mit einem Lachen, das schon wieder auf Bewunderung aus war.

Und nun, aus die Maus? Auch er in den ewigen Jagdgründen? Solche Exemplare sterben doch nicht … Seine Eloquenz, gescheit, geistreich, mitunter überraschend belesen; der vom Wein befeuerte Wirtshaustischreferent, seine im Wortsinne überwältigende Gegenwart, wenn er ein Glas in der großen Hand schwenkte! Gewiss hat er auch bei seinen Einkäufen auf dem Weingut manchen Nachmittag am Tisch verdämmern lassen, hat den Winzer angezapft und aufgesaugt, ein guter Kunde, ohne Zweifel. Das gehörte ja dazu, er kaufte nur kistenweise. Die Kisten nannte er »Schächtelchen«.

Seine Unterhaltungen waren weitschweifig wie seine Interessen. Wenn er ging, wusste man manchmal nicht mehr, worüber man geredet hatte. Man hat ihm Adieu gesagt und gute Fahrt gewünscht, ein bisschen ängstlich wohl. Mit Einkäufen für sich selbst war er nicht knausrig, und nichts versetzte ihn mehr in Unruhe, als wenn er seine Kellerregale gelichtet glaubte. Er musste dann, wie er sagte, »die ärgsten Lücken stopfen«. So, wie er nicht vor einer halbvollen Flasche ruhig sitzen bleiben konnte; die war für ihn eben schon halbleer und entsprechend bedrohlich.

Mich, der ich gern nach meinem eigenen Behagen trinke, hat er damit oft genug kujoniert und unter Druck gesetzt. Und als Ziertrinker verschrien, zudem als Knauserjan. Seine Gesellschaft war anziehend, verführerisch und ruinös.

Er wohnte irgendwo, er hatte irgendwo eine Frau und sogar einen Hund, *ihr* Hund, wie er sagte; er kümmerte sich einen Dreck um beide. Er betrachtete sein Habitat als eine Art Unterstand, in den er einkehrte, wenn es ihm passte – und gute Nacht. Er hatte nicht das mindeste soziale Bewusstsein. Er war eine der herzensträgsten Personen, die mir je begegnet sind, und er verfügte glücklich über die totale Abwesenheit eines politischen Bewusstseins, das ihn an seinem Weltquerfeldein hätte hindern können.

Aber, Sophie-Charlotte, großes *Aber:* Er war ein hundsmäßig begabter Leser, ein guter Analytiker, ein schnell zuschlagender Liebhaber smarter Formulierungen.

In der Dramaturgie des Theaters, in dem er zeitweilig arbeitete, war er geachtet für seinen Scharfsinn, und berüchtigt für die Unfähigkeit, diesen in Tat umzusetzen.

Er wusste mehr als ich, der ich aus meinem Wissen meinen Beruf gemacht hatte. War groß in seiner Eloquenz, auch eine gewisse Eleganz war dem Hasenböhler nicht abzusprechen.

Übrigens war er zäher, als man gedacht hätte: schrieb jahrelang vergnügt und wie nebenher an einer Monographie über *Meusebach,* einer Arbeit, versteht sich, für die er ein fettes Stipendium an Land gezogen hatte.

Sein Meusebach, ja, das tönte manchmal wie eine Mystifikation – aber den Meusebach, den gab es. Das muss ich Dir doch zunächst auch noch erzählen.

95

Meusebach, eine Figur nach unserem Geschmack, Sophie-Charlotte, ein höchst belesener Mann, doch völlig verzettelt, genialisch und zerfahren. Ein Polyhistor des frühen 19. Jahrhunderts, im Zentrum der Gesellschaft und schrullig abseitig zugleich. Karl Hartwig Gregor Freiherr von Meusebach, 1781 bis 1847, war von Haus aus Jurist, aus Neigung ein Kenner der Literatur und der Bücher. Seine Bibliothek soll über 36'000 Bände groß gewesen sein, zum Kreis ihrer und seiner Freunde zählten die Brüder Grimm und Bettina von Arnim. Er hat publiziert, und zwar unter einem Pseudonym, das so unwirklich tönt wie sein eigener Name: 1809 erschien unter dem Namen Markus Hüpfinsholz seine Monographie *Geist aus meinen Schriften: Durch mich selbst herausgezogen, und an das Licht gestellt.* Eine Schrift über Schriften, die es gar nicht gab? Sophie-Charlotte, was uns interessiert: Er hat, was immer es war, etwas *ans Licht gezogen,* den Ort, an den wir alle hinwollen, geben wir's zu, die wir auch nur einmal an dem Gedanken der Unsterblichkeit geschnüffelt haben.

Fünf Jahre zuvor war ein Bändchen gemischt aus Prosa und Gedichten erschienen, unter dem jungmädchenhaften Titel *Kornblumen* und dem Verfassernamen *Alban,* es wurde wahrgenommen, jedenfalls rezensiert. »Der Vf. dieser Blätter tritt bescheiden auf«, heißt es da. »Er hat Sinn für das Schöne, und zeigt ein Talent, das Aufmunterung, nicht Abschreckung verdient ...« Du ahnst es, Sophie, die kalte Dusche kommt gleich: »Die sentimentale Laune und der humoristische Witz ... haben zu viel Prangendes und erinnern an Jean Pauls *Manier,* nicht eben an seinen *Geist.*« Alban mit Jean Paul verglichen – und unverzüglich mit diesem erschlagen. Karl Hartwig Gregor hat sich die lächelnde Alban-Maske nie mehr angelegt.

Es erholt sich einer nicht leicht von einem solchen Anfang, Meusebach wurde kein Dichter. Er blieb ein Sammler, spezialisiert auf Bücher und Kirchenlieder. Seine Bibliothek

wurde nach seinem Tod von der preußischen Regierung auf-
gekauft, darüber schrieb ein Camillus Wendeler (auch dies
nur ein Pseudonym?) einen Bericht; sein Briefwechsel mit
Jacob und Wilhelm Grimm ist erhalten, er selbst im Orkus
der Literaturgeschichte verschwunden, die man sich als einen nach unten sich verengenden Trichter vorstellen muss,
mit einem Sauggebläse am Ende, in den die Schreiberlinge
eingesogen und ins Nichts verwirbelt werden. Mit Ausnahme
von wenigen, die sich, wie auch immer, an den Innenwänden
des Trichters noch eine Weile festkrallen können –

Übrigens hatte Meusebach einen Sohn – ich sage das Dir
als Wahlamerikanerin –, Otfried Hans Freiherr von Meusebach, der sich bei euch drüben in die Indianer verliebte. Er
legte den Adelstitel ab – bei einem *Freiherrn* fehlt nachher
nicht viel – und nannte sich John O. Meusebach, und als solcher soll er einst einen Friedensvertrag zwischen den Sied-
lern und den Komantschen vermittelt haben, der einzige
Friedensvertrag, der je gehalten habe.

Da war er dran, der Hasenböhler, inständig, langsam und
beharrlich, an dieser Meusebach'schen Welt, die, auch wenn
sie real gewesen sein sollte, doch immer die Neigung hatte,
zu einem wolkenverhangenen, ferner und ferner drehenden
Planeten zu werden.

Das fordert Respekt. Aber daneben, all seine auffahren-
den Großartigkeiten? Sophie-Charlotte: Wenn ich mal im
Gespräch mit ihm daran dachte, am Abend ein paar Fisch-
filets in Butter zu dünsten und mit ein wenig Zitrone, etwas
weißem Pfeffer und einigen Kaperchen zu würzen, brachte
Herbie sofort einen sechspfündigen Gesamtlachs ins Spiel.
Den müsse man dick in nasses Zeitungspapier einwickeln,
fest verschnüren und, rumms, das Paket ins Feuer eines
glühenden Kamins werfen. Hasenböhler hatte keinen Kamin, so wenig wie ich.

»Weißt du«, sagte er, »das ist die beste Art, ein bisschen
Lachs zu essen, *rosa,* das kleine feine Stück am Rückgrat.«

Wie der Bär im Wasser des Yellowstone Parks, der dem Lachs nur das Bäckchen ausbeißt und den Rest den Bach hinunterschwimmen lässt.

Er war in letzter Zeit allerdings durchsichtiger geworden. Ich sah ihn nun kaum mehr. Der Hase im Böhler wurde sichtbar ... Die Nachricht kam per Telefon. *Es hett en butzt,* sagte eine Stimme aus Basel. Und dann, mit anteilnehmerischem Grabeston: *Joo, dr Haasebeeler.*

Und Pause.

Butzt? Geputzt, von putzen? Volksmund. Deutet wohl darauf hin, dass die Gegend nach einem Hinschied sauberer ist. Ich gebe zu, Sophie, dass mir weniger nach Trauer als nach Erleichterung zumute war.

Er war mir eine lange Zeit lang sehr auf die Pelle gerückt. Ich hatte kaum etwas errungen, schon machte er es mir nach. Und so war er mir nun auch dahin gefolgt, wohin ich den anderen entronnen war. Weißt Du, ich brauche auch in einem öffentlichen Stadtquartier meine Alleinsamkeit, und so war ich in dieses Viertel gekommen. Mein Viertel, wie ich dachte. Ich nur dafür gemocht – oder eben nicht gemocht –, was ich war, und nicht für das, was ich darstellte.

Ich war noch nicht zwei Jahre da gewesen, als mein ewiger Schatten, mein Hasenböhler auftauchte. Einschlug wie ein Meteor. Sofort anfing kreuz und quer herumzuwühlen. Gleich damit begann zu grasen, zu schmatzen, abzuräumen. Sich meine Freunde zu eigen zu machen, in meinen Kneipen zu sitzen. Meine Parkbank gegenüber Dritten zu preisen und sich im Quartierverein hervorzutun. Platzkonzerte zu organisieren und Paukist in der Fastnachtsgesellschaft zu werden. Mit einem Wort: Er machte sich *beliebt.* Herbie kann halt nicht anders.

Weißt Du, was mich am meisten nervte? Unter all den noch einigermaßen intakten Quartierbeizen, meinen Nischen, Nistplätzen und Futterstellen, dem *Schweizerkreuz,* dem *Eichhörnli,* dem *Scharfen Eck* und dem *Feldhof,* der

Jägerburg und dem *Astoria* war mir der *Kleine Garten* der liebste Ort geworden. Du konntest, nach der mittäglichen Rushhour, in den Nachmittag hinein sitzen bleiben, vor einem Glas, ohne Eile. Die Wirtin, meine Daniela, las an einem anderen Tisch in der Zeitung. Es gibt nirgends auf der Welt so viel Ruhe wie in einem Lokal, das sich grad von seinen Gästen geleert hat.

Da saß ich dann gern und schaute zu den Geleisen hinüber, auf denen dann und wann, kreischend, ein Zug rangiert wurde. Später leuchtete die Markise ockergelb auf in der sinkenden Sonne, und ich wusste, es ist nun Zeit, nach Hause zu gehen, um dort noch den letzten Sonnenstrahl in meiner nach Westen gerichteten Wohnung zu erhaschen. Ich sah über die in die Tiefe gestaffelten Dächer, über die Krone eines grünen Baums hinweg hinüber, zu diesem täglichen Abschied. Nie ohne Freude, nie ohne einen damit verbundenen Schmerz. Diese letzten Minuten waren mein Privatbesitz. Sie gehörten so unbedingt zum Tageslauf wie das Aufstehen am Morgen, die Arbeit, die Pflichten.

Da hinein platzte nun auch Hasenböhler, auf den federnden gelben Vibramsohlen seiner dicken braunen Halbschuhe. Er stand zunächst beim Gartentor am Zaun, der um den dreieckigen Wirtshausgarten stand, er reckte den Schädel mit der Brille davor über den Zaun, dann stürzte er durch das Törchen, richtete sich auf, blickte um sich, erspähte mich und schrie sein Hallo in hasenböhlernder Munterkeit, und wandte sich sofort nach einer Bedienung um. Die freundlich sitzende Daniela übersah er.

»Eine Flasche zur Feier des Tages«, sagte er noch im Stehen, ohne hörbares Fragezeichen, dann fiel er mir gegenüber in einen Stuhl. Es kam nur Flaschenwein in Frage, und nur solcher, wo er das Etikett dann als *standesgemäß* beschnüffeln und begrunzen konnte. Am Ende habe ich bezahlt, Sophie, aber das ist nicht das Wesentliche.

Als ich später aufbrechen wollte zu meinem privaten Sonnenuntergang, dem letzten Strahl, dessen Verschwinden ich verfolgte wie jene Ur-Indonesier oder Ur-Australier, die nicht sicher sind, ob die Sonne am nächsten Tag wieder erscheinen wird, die die Hände zusammenschlagen, die sich verneigen, Bittgebete zum Himmel schicken – keine einfältige Einstellung bei dem, was die Menschheit mit ihrem Planeten anstellt –, als ich zahlen und gehen wollte, da rief er ins Lokal hinein nach einer weiteren Flasche, nannte mein Zögern Zimpern, den Tag einmalig, die Stunde unwiederbringlich, und schon stand meine Daniela, die er inzwischen auch Daniela nannte, mit einer zweiten Flasche am Tisch.

Sophie-Charlotte, Du weißt, ich habe die Gegend verlassen. Es gab handfestere Gründe als einen überhandnehmenden Herbie – mein eigener beruflicher Weg, der zunehmende Nachtlärm im Quartier, die verstörende Feststellung, dass es schick wurde, hier zu wohnen. Dennoch und im Hinblick auf unseren H.H.: Irgendwie fühle ich mich heute noch wie ein Heimatvertriebener.

Und der sollte jetzt plötzlich hin und weg sein?

Zuerst war da nur eine große Verblüffung. Dann gleich so etwas wie Erleichterung. Ich konnte mein dummes Hirn nicht daran hindern, sofort zu denken: Dann kann ich ja wieder zurück!

Unsinn, Sophie, ich will nicht zurück. Und ich bin ihn nicht *losgeworden,* und ich wollte ihn nicht *loswerden.* Eher spürte ich ein doppelt unterstrichenes *Wie bitte?* Wie man erstaunt darüber ist, wenn etwas eintritt, mit dem man nicht gerechnet hat.

Was? Er war doch der Jüngere von uns beiden!

Triumph des Lebens. So wie es bei jedem Hinschied der Fall ist. Wenn es nicht gerade die Eltern sind. So einfach funktioniert doch die Biologie, Sophie-Charlotte: um jeden Preis das Leben, niemals den Tod! Und der, der hinüber ist, hat mit seinem Abgang dem, der auch schon am Abgrund steht, ein weiteres Stück Leben geschenkt. *One down,* sagt ihr dort drüben, *einer weniger.* Genau. *He's gone.*

Warum liest man die Todesanzeigen so aufmerksam? Man sucht Bekannte auf den besonderen Seiten, die jeden Tag etwas Neues bringen. Unter den Unbekannten den Namen finden, der einem etwas sagt. Und was empfindet man dann, wenn man auf einen Bekannten trifft? *Anteilnahme?* Was für ein Wort.

Nein, man schaut nach den Lebensdaten und rechnet. Ist er älter geworden, als du bist, denkst du: Na gut. Ist er jünger, spürst du eine kleine, nicht unangenehme Verwunderung. Du bist noch nicht dran gewesen.

Der Triumph des Lebens ist die Kehrseite des *Großen Massakerspiels,* wie Ionesco das genannt hat. Alle gehen über die Kante, eine unaufhörliche Prozession. Überleben ist provisorisch, aber solange du da bist, bist du im Saft.

Die Iren wissen das, mit ihrem *Finnegan's Wake,* der Kneipentour, auf der sie den toten Kumpel mitschleppen, und jene paar Schweizer Literaten feierten das, als sie die Asche von Günter Eich, der in einem Rebberg ob dem Bielersee verstreut werden wollte, auf dem Heimweg aus Deutschland im Suff unter dem Tisch in der Berner *Harmonie* vergaßen.

Warum erzähle ich das alles?

Sophie-Charlotte: Die Meldung über den Tod Hasenböhlers war eine Falschmeldung. Er lebte, er lebt. Sei vorübergehend durch eine Grippe aus dem Verkehr gezogen worden, lag darnieder, doch nur in seiner Matratzengruft.

Wie ist das möglich, eine solche Blague? Nun, ein früherer Arbeitskollege von Herbie hatte die Todesanzeige eines Herbert Hasenböhler in der Zeitung gelesen, Sterbeort Basel, wo unser H.H. nie was verloren hatte. Der Kollege addierte Apfel und Birne, das Unheil war geschehen. Und in einer Welt, in der das Telefongequassel auf allen Frequenzen zischt, landete die Nachricht schnell bei mir.

Ein naher Bekannter fragte dann nach bei den Rest-Hasenböhlers, und von daher nun die Entwarnung: Es gehe ihm gut, er lasse grüßen.

Sophie! *Er grüßt schon wieder!*

Mir bleibt die Frage: Wie geht man mit einem Toten um, der am Leben ist?

Man hat sich bereits mit seinem Tod arrangiert – das heißt, möglichst ehrlich damit begonnen, sich mit ihm auseinanderzusetzen, das ehemals Gemeinsame heraufzurufen, es in einen milden Blick zu kleiden, ein wenig Erinnerungsarbeit zu betreiben, das *Weißt-du-noch?* zu aktivieren, Szenarien der Vergangenheit im milden Licht ihrer Unwiederholbarkeit – und jetzt?

Er ist ja gar nicht weg, und du suchst von deiner leisen Melancholie zurück zu den Dingen, die euch entfremdet haben. Du lebst, er lebt, und du musst dich noch einmal fragen, warum ihr nicht mehr zusammen seid.

Die Welt war einen Augenblick herbiefrei, und nun wird also weiter gehasenböhlert. Sophie-Charlotte, das ist doch auch eine Art von Skandal, oder die Kehrseite des Skandals, dass einer tot sein kann – Herbert nun untot und wieder einer von uns.

Ich sage es so: Hasenböhler hat offenbar beschlossen, seine eigene Erbschaft anzutreten. Und wir, wir haben ihn nicht überlebt, sondern in gewisser Weise er uns. *Er* hat ein neues Leben, wir nur das alte, er eine neue Frist, während wir mit unserer alten weiterleben müssen. Wir haben nur eine, er jetzt zwei, und – was das Schlimmste ist – er hat nun jederzeit wieder die Möglichkeit, uns zu überleben.

Verstehst Du, Sophie-Charlotte?

»Kommt einem fast wie ein Witz vor«, heißt es im *Ulysses.* »Wenn man seine eigene Todesanzeige liest, heißt es, lebt man länger. Lässt einen nochmal zu Atem kommen. Neues Leben in die Lungen.«

Bald steht er auf von seinem Lazaruslager, kommt zurück aus dem Elysium und fängt wieder an damit, herumzuschnaufen, herumzupoltern, herumzugrunzen, und wenn er Glück hat, und wann hatte der Kerl das nicht, hat er nicht einmal erfahren, dass er tot gewesen ist.

Fein raus.

Alles das liegt nun bei uns, und wir müssen es ihm gegenüber erst noch verschweigen, er darf's nicht wissen. Aber wenn er's erführe, würde er dann nicht einfach sein baalisches Gelächter anstimmen, hohoho, hahaha, den Triumph feiern, der nun ganz der seine ist? *Herbie redivivus et ecclesia triumphans.*

Mir aber bleibt es, mich zu schämen. Es gab doch ein winziges Aufleuchten, als ich ihn tot geglaubt habe.

Scheiße.

Herzlich, und, wie Du siehst (liest), immer noch etwas verbiestert, Dein

Himm – *love!,* whatever that means for us.

PS: Was hieltest Du von *John O. Himlicek?*

―――――――――――――――――――――――――

ANDERBERG WAR TOT. Über lange Jahre hin sei er *weniger und weniger* geworden. Dann nur noch ein *Strich in der Landschaft.* Das hörte Himlicek von Sophie-Charlotte, die Anderberg in den vergangenen Jahren immer wieder, wenn auch nicht regelmäßig gesehen hatte. Es war zu ihm immer eine Reise hinter die sieben Berge gewesen, zunächst übers Meer und dann durchs Gebirge, schließlich hinein in Anderbergs enges Tal, und nicht immer kam sie von diesen Ausflügen so erfüllt zurück, wie das in den ersten Jahren ihrer Bekanntschaft noch der Fall gewesen war.

Sophie-Charlotte versuchte Anderberg jeweils zu sehen, wenn sie in Europa war. Sie hatte ihn damals bei Huber & Leon kennengelernt. Der Kollege war ein Freund geworden, nur lebte sie, wie noch alle Freunde und Freundinnen Anderbergs, in einer anderen Welt, in ihrem Fall im doppelten

Wortsinn. Ja, manchmal schien es, als ob Anderberg in seiner Einsamkeit und Verborgenheit mit der Zeit so sonderbar geworden war, dass er nicht mehr *von dieser Welt* zu sein schien.

Sophie war im Ehrenstand, eine der drei *Töchter* geworden zu sein, die Anderberg, ein ausgepichter Frauenfeind, um sich geschart hatte. Einer von ihnen hatte er sein schönes Haus versprochen. Als es so weit war, stellte sich heraus, dass er vergessen hatte, das schriftlich zu hinterlassen. Hingegen fand man Schachteln voller Manuskripte, kurzer, enigmatischer Erzählungen und Dialoge, die immer wieder über die Unvereinbarkeit von Mann und Frau erzählten, im immer neuen Anrennen eines verblüfften Nicht-verstehen-Könnens. Er hatte die Frauen schließlich nur noch als *die Anderen* bezeichnet, und machte dadurch die Kluft zwischen sich und den Frauen unüberbrückbar.

Die Töchter, die in seinem Haus übernachten durften, wenn sie ins Tal kamen, berührte er nicht. Als *Vater* richtete er ihnen ein sauberes Bett mit einem kleinen Teppich davor, in den das Wort SALVE eingewoben war, als *Freund* kochte er für sie und öffnete für sie abends den Rotwein, nachdem man zusammen an seinem Steintisch im Gärtchen zwischen den engen alten Häusern einen Weißwein, einen *Fendant,* getrunken hatte. Hinter dem Tisch tröpfelte ein kleiner Brunnen, den Anderberg mit Hilfe einer versteckten Wasserleitung eingerichtet hatte, die er nur ganz wenig öffnete. Grünes Moos hatte sich auf dem Stein über die Jahre gebildet.

Das Haus ging an seine Schwester, mit der er zwanzig Jahre lang nicht mehr gesprochen hatte. Sie hatte das doppelte Pech gehabt, eine Frau und erst noch eine Schwester zu sein. Der Mutter schrieb er all sein Lebensunglück zu, die Schwester musste für die Mutter büßen.

Anderberg hatte sich schon lange nicht mehr aus dem engen hohen Tal im Süden der Alpen herausbewegt. Sein Atem sei kürzer geworden, dann so kurz, dass er kaum mehr eine kleine Steigung habe gehen können: nach jedem Schritt ein keuchendes Innehalten.

Sophie-Charlotte erzählte Himm von dem Hinwegsterben des Freundes. Sie war zu seiner Beerdigung über den Atlantik gekommen und fand sich dort im Tal unter den wenigen, die hergefunden hatten. Aber so waren alle *drei Töchter* einmal beisammen. Die *Frau,* mit der er kurz verheiratet gewesen war, sehr kurz, war auch da. Sie war seit vielleicht zwanzig Jahren nicht mehr in Anderbergs Tal gewesen. Und die *Schwester* richtete nun ein einfaches Trauermahl aus und hielt dabei eine kleine Rede, in der sie an die gemeinsame Kindheit erinnerte.

Die verhasste Schwester war ein Leben lang in Asien und Afrika als Sozialarbeiterin unterwegs gewesen, ihr Bruder, ein Schneckerich, wie *sie* ihn nannte, hatte sich ein Leben lang nur in seinen schattigen kleinen Räumen im Dorf im Tal in den Südalpen einigermaßen wohl gefühlt. Die Geschwister hätten Zwillinge sein können, siamesische, Rücken an Rücken, und jeder in eine andere Gegend des Lebens schauend.

In seinem Haus fuhr eine Eisenbahn. Spielzeug hätte man das nicht nennen können, dieses aufwendige Modell einer Bahnwelt, die ihn, draußen, mit dem Norden verband. Spurweite H0, die breiten Schienen mit schweren Lokomotiven und bis ins Detail nachgebauten Personenwagen. Im Norden stand Anderberg vor dem Laden, einem der letzten, die diesen Modellbau noch pflegten, in seinem südlichen Haus fuhr die Bahn mit Brummen und einem blechern schleifenden Geräusch in Kurven unter Bett und Tisch. Das kleine Haus erlaubte keine große Gleisanlage.

Sein war Vater war Fuhrunternehmer gewesen in Basel, im sogenannten Kleinbasel, also bei den kernigeren Leuten. Anderberg war mit Pferdegespannen und schweren Transportwagen aufgewachsen; von ihrer Unruhe mochte in seiner Eisenbahnwelt etwas übriggeblieben sein.

Aber eigentlich fühlte er sich zum Leichten bestimmt. Eine Karriere als Balletttänzer hatte er abgebrochen. Im Theater aber war er hängengeblieben.

Der große Hollmann engagierte ihn in einer seiner Inszenierungen als stummen Darsteller. Anderberg konnte aufgrund seiner früheren Ausbildung etwas Besonderes. Er sagte, der Theaterdirektor habe ihn als *Schreitenden* inszeniert. Federnd ging er da, stumm und bedeutend, einmal quer über die Bühne.

Später wurde er Hollmanns Assistent, und schließlich ein gefragter Produktionsleiter und Inspizient. Er hatte ein Talent darin entwickelt, die vielfach vernetzten Abläufe einer Inszenierung, das komplexe Ineinander von Licht, Ton, Bild, Requisite und nicht zuletzt dem Auftritt der Schauspieler auf eine geradezu ballettmäßige Eleganz und Homogenität zu bringen, er als der unsichtbare und überlegene Demiurg, der hinter den Kulissen über die Vorstellung regiert. Niemand, der es jemals gesehen hat, würde vergessen können, mit welch zugleich huldvoller und entschlossener Gebärde er dem Schauspieler bei dessen Stichwort den Weg auf die Bühne wies und freimachte.

In seinem Rückzugsort im Süden, in seiner Eremitage hatte er die Welt des Theaters für sich allein noch einmal nachgebaut. Den Spiegel in seinem Bad säumten Reihen von Glühbirnen wie in einer Garderobe oder der Maske; vor einem Fensterchen hing ein blauvioletter und rubinroter, paillettenbesetzter kleiner Bühnenvorhang. Scheinwerfer von der Decke beleuchteten bestimmte Ausschnitte des Wohnraums und ließen andere im Dunkel. Seine Musikanlage mit dem Fernseher darüber hatte er wie das Pult des Inspizienten aufgebaut, an dem dieser hinter dem Bühnenportal auf seinem Monitor und mit Sprechverbindung zu Technik, Garderoben und Kantine die Aufführung verfolgt und steuert.

Die ganze Fläche hinter dem Kochherd aber füllte ein Wandgemälde, welches, in die Tiefe gestaffelt, ein Bühnenportal zeigte, auf der Bühne dahinter den herrschaftlichen Salon eines venezianischen Palazzo, von dem man, im Hintergrund und durch ein rundbogengerahmtes byzantinisches Doppelfenster, den Blick auf das Haus hatte, in dem Anderberg sich befand und durch dessen Küchenfenster man Einblick in den Innenraum hatte, dessen Rückwand ein Wandgemälde füllte, das die Berglandschaft des Tals wiedergab, in dem Anderbergs Haus stand, seine Zuflucht inmitten der geduckten, eng aneinandergeschmiegten Häuser seines Dorfes.

Die Küchendekoration war eine Theaterkulisse, die Glühbirnchen, die roten paillettenbesetzten Vorhänge, die Spiegelchen jedoch erinnerten Himlicek stets ans Varieté. Und wenn ihm beim Nachmittagsbier unter der Pergola des Freundes der immer noch vorhandene Ziegengeruch, die olfaktorische Erinnerung an die alten Zeiten dieses verschachtelten Bergdorfes in die Nase kam, erinnerte ihn das an Circus, den armseligen Wanderzirkus, in dem ein Pudel durch brennende Reifen springt, zwei Affen im gestreiften Leibchen als Artisten turnen und drei Ziegen die Pferdedressur ersetzen, während am Eingang zum roten Zelt ein von der Krätze zerfressener Papagei auf der Schulter eines erstaunlich kleinen Mannes sitzt. Der Ziegengeruch, auf diesem Umweg, erinnerte an den Dědeček.

An südliche Musik aus dem Innern des abgenutzten Zeltes, Tarantella oder einfach *Volare,* draußen vielleicht ein Elefant, ein grauer Trauerkloß mit hin und her schwankendem schwerem Schädel, Trauerkloß, Monument der Vergeblichkeit, der hie und da ein Büschel Heu erwischt mit Rüssel und spitzer Unterlippe, während sein Schädel ruhelos über dieses hin und her streicht. Unbrauchbar geworden für die Manege, sieht niemals mehr ihr Sägemehl, die alte Elefanten-Dame, und wird niemals mehr, mit ihren tapsigen

Schritten, vor der riesigen Schreibmaschine niederhocken, Sechstastenmaschine, und auf ihren runden elefantenfußtellergroßen Typenhebeln das siebenlettrige Wort E-L-E-F-A-N-T niederdrücken.

Anderberg, als Spross eines Transporteurs, mochte das in klitzekleiner Prise noch in sich haben: eine Messerspitze Circus, einen Schuss Blut von den Fahrenden, den Zirkusleuten, Seiltänzern (seine Ballettschlarpen!, sein Trikot!), den Hochmastartisten, den Schlangenmenschen, den Zampanos, Gauklern, dem schönen weißen Clown und den auf dem Anhänger hinter dem Traktor vertäuten Masten, den Fahnenstangen, überhängend über den Anhänger und mit einer roten Warnflagge gesichert. Er war in seinem Südtal zu einer Einmanntruppe geworden, stationär unterwegs, unvergänglich der Ziegengeruch. Wenn Himlicek ihn schon in der Welt der Artisten sehen wollte, dann nicht als Fahrenden, Reisenden, Unbeheimateten, was ohnehin unwiderruflich finito ist – wenn schon Erinnerung an den Dědeček, dann doch wohl eher einer an die Ur-Form des Hochmastsitzens, nämlich als *Säulenheiliger,* sei es als indischer Yogi oder Sadhu oder als Protagonist einer frühchristlichen Tradition, also als einen Verwandten des Ur-Pfahlsitzers Symeon Stylites, der es im antiken Antiochia 37 Jahre lang auf einer Säule ausgehalten haben soll, in pompösem Ornat, versteht sich, ausgehalten zwischen Erde und Himmel und auf diese Weise seinem Gott immerhin um drei oder vier Meter näher.

Der Arbeiter Willi Rickert saß im April 1932 im heimischen Neumünster fünfzig Tage lang auf einem 16 Meter hohen Flaggenmast, den er auf dem dortigen *Tivoli,* einem Vergnügungsetablissement, das für seinen Lustgarten berühmt war, aufgerichtet hatte. Weltrkord! Rickert wollte mit seinem Act gegen die herrschende Arbeitslosigkeit protestieren.

Erst das circensische Volk aber, die Artisten entdeckten die eigentliche gymnastische Herausforderung, den philosophischen Impact und den ästhetischen Mehrwert der Hochmastkunst. Ja, bis dann das *Guinness-Buch der Rekorde,* eine Art Gesamtverzeichnis des universalen Unsinns, freilich ohne die spielerische Ironie der von Jean-Jacques Pauvert publizierten *Encylopédie des farces et attrapes et des mystifications,* bis die Bieridee *Guinness* auch das Hochmastsitzen zwangsneurotisch auf die buchstäbliche Spitze treiben musste. Der Pole Daniel Baraniuk hielt es 2002 sagenhafte 196 Tage auf dem Marterpfahl aus. Dieser aber muss, um dem Reglement des Schwachsinns zu genügen, bloß noch 2,5 Meter hoch sein, und der Kandidat sitzt auf einer 0,25 m² großen Plattform. Was für die Entwicklung bedeutet, dass wir nach 2000 Jahren wieder bei den Styliten sind, und für die Kunst der Hochmastartisten die Quittung dafür, dass sie am Ende ist.

Seine Rituale habe Anderberg, als es ihm schlechter zu gehen begann, nicht aufgegeben. Das berichteten alle, die ihn besucht hatten. Man könne niemals genau sagen, wann das Gesunde aufhöre und das Kranke beginne, habe er gesagt, und solange er nicht eindeutig krank sei, gebe er das Rauchen nicht auf.

Und offenbar auch nicht die komplizierte Dramaturgie seines Trinkens: Kaffee am späten Mittag, nachdem er aufgestanden war, einen Kaffee Corretto Cognac in der Pinte am Nachmittag. Der einzige soziale Kontakt, den er sich noch gönnte, waren die italienischen Wirtsleute im *Ristorante Camping* unten am Fluss. Sizilianer, die sich in diesem Tessiner Tal eingerichtet hatten, als wäre das Leben nur ein Provisorium. Ihre Wirtschaft sah aus, als ob sie jederzeit abgebrochen werden könnte. Oder als ob sie bald von selbst zusammenbräche.

Das seien *Freunde,* sagte Anderberg trotzig und abschließend. Mit allen andern hatte er sich zerstritten, und auf dem Papier, das er an einem kleinen Schreibtisch unter dem

Fensterchen zum Tal, das heißt vor seinem Ausblick zum gegenüberliegenden Hang, unablässig beschrieb, zerstritt er sich weiter mit der ganzen Welt.

Im Lauf der Jahre schuf er ein Riesenœuvre kurzer, bitterer Prosa: gesalzene Pamphlete gegen die Frauen, ihre Beziehung zu ihren Opfern, den Männern, über die moderne Welt, ihr Geschwätz. Es gab niemanden, den er verschonte. Auch Freunde nicht, nur ließ er sich mit denen mehr Zeit. Umso unerbittlicher richtete er sie dann hin. Als alles gesagt war, überprüfte er seine eigene Herkunft und Laufbahn, schrieb sie in einer längeren, sorgfältig strukturierten Abhandlung nieder und lehnte sie ab.

Wenn er vom *Camping* nach Hause gekommen war, seinem zweiten Kaffee um Punkt fünf Uhr nachmittags – er stand jeweils nicht vor ein, zwei Uhr mittags auf –, setzte er sich in seinen Stuhl unter seiner Loggia, immer allein, einen zweiten gleichen Stuhl neben sich: leer. Da saß jeweils Sophie-Charlotte, wenn sie Anderberg besuchte, und sie wagte nicht, den Stuhl, der genau parallel zu dem Anderbergs stand, zu ihm hinzurücken. Und da saßen jeweils, aber niemals gleichzeitig, die beiden anderen *Töchter*.

Jetzt gönnte sich Anderberg langsam das erste Bier des Tages, wobei die Katze einer Nachbarin, um die er sich nicht weiter kümmerte, ihm zusah. Das Radio im Innern spielte einen polnischen Klassiksender, den er Sophie-Charlotte gegenüber als die beste Station der Welt rühmte. Anderberg verstand kein Polnisch. Er spüre die enorme Menschlichkeit dieses Senders am melodiösen Duktus der Ansagen, sagte er.

Nach dem zweiten Bier machte sich Anderberg eine Kleinigkeit zu essen. Während des Kochens trank er ein erstes Glas Weißwein vom Genfersee. Er deckte den Tisch, rührte im Topf und trank ein zweites Glas. Zum Essen trank er einen Roten, eine halbe Flasche, nicht mehr. Sorgfältiger Abwasch. Anderbergs Küche, erzählt Sophie-Charlotte, sah jederzeit aus wie soeben installiert. Inzwischen war es später geworden. Tagesschau, die deutsche, dann kontrollierte Anderberg das italienische Fernsehen. Es gehe nicht um Unterhaltung, habe er zu Sophie-Charlotte gesagt: man muss wissen, was die tun. Berlusconi hatte er auf diese Weise beobachtet wie ein giftiges Reptil in einem Terrarium, er hatte ihn lange genug beobachtet, um alles über ihn zu wissen. Sein Wissen war ohnehin immer vollständig. Dadurch setzte er die anderen automatisch ins Unrecht.

Später am Abend Musik, jetzt leistete Anderberg sich einen Grappa. Vielleicht noch ein Bierchen zum Abschluss. Oder auch zwei. Und vielleicht noch eine bittere Notiz, als Vorbereitung für den nächsten Tag. Nicht vor zwei Uhr nachts legte er sich schlafen.

Sophie-Charlotte hatte Himm einmal in einem langen Brief von einem besonderen, einem überaus liebenswürdigen Gegenstand in Anderbergs Tessiner Haus erzählt. Der kleine Altar eines Einsiedlers, das hatte die *Tochter* gerührt.

»Anderberg bewahrt in seinem Haus ein Kästchen«, hatte Sophie-Charlotte geschrieben, »vielleicht 20 mal 30 Zentimeter klein, ein Leichenschauhaus, das unter dem Motto *Memento mori* stehen könnte. Angeschrieben hat er es so: *Animali morti in Casa,* im Haus gestorbene Tiere.

In dem verglasten Kästchen sammelt er, was er in der Stube auf dem Rücken liegend findet: Mücken, Fliegen, Spinnen, Käferchen, Käfer, alles das, was krabbelte und sein ruhiges Haus mit ihm geteilt hat. Freundlich macht er in seinem Kästchen das Ungeziefer zu Geziefer.«

»Anderberg ist ein Eremit«, schrieb Sophie-Charlotte an Himm, »ein Hieronymus ohne zahmen Löwen und ohne Schädel auf dem Schreibpult. Der Ziegengeruch genügt, der sich dazugesellt, wenn man unter seiner Loggia sitzt und der Regen stetig von der Dachrinne tropft. Anderberg ist ein Eremit mit einem Mahnbild der Vergänglichkeit.

Dieses übrigens ist selbst ein vergängliches Ding. Nämlich:

die Tierchen auf ihren Nadeln beginnen auszutrocknen und zu bröseln. Und da die Ereignisse der Welt auch dieses abgeschiedene Haus leise erzittern lassen, fallen mählich Fühlerchen und Flügelchen, Beinteilchen und Mundwerkzeuge als Staub auf den Boden des Kästchens.«

»Anderberg«, schrieb Sophie-Charlotte, »hat eines Tages aufgehört, den Bestand in seinem Kästchen zu vermehren. Er ist nun selbst älter geworden, die Jahre beginnen zu zählen. Noch raucht er.«

Offenbar hatte Anderberg auch dann nicht damit aufgehört, als es wirklich zu Ende ging. Auf Vorhaltungen Sophie-Charlottes habe er mit einer müden Handbewegung reagiert.

Es lohne sich nicht mehr.

Zuletzt brauchte er Sauerstoff aus der Flasche. Er schlief mit dem Gerät, einen dünnen Plastikschlauch in der Nase. Der Sozialhelfer, der an einem Montagmorgen die neue Flasche brachte, fand Anderberg leblos. Möglicherweise hatte der letzte Sauerstoff nicht mehr für das ganze Wochenende gereicht.

Ein paar wenige Leute nur waren auf der Beerdigung, sagte Sophie-Charlotte. Trotz allem, es sei *würdig* gewesen. Nach dem Essen wurde im Haus die Urne geholt. Oben am Bach, in dem Anderberg, als er den Weg noch schaffte, manchmal gebadet hatte, wurde ein Rosenstock gepflanzt. Tränen. Und es sei schön so, sagten alle zueinander, nämlich dass ein paar Leute sich wiederträfen, die sich lange nicht mehr gesehen hätten.

Aber etwas sei doch merkwürdig gewesen, erzählte Sophie-Charlotte.

Nun?

Die Exfrau und die Schwester hätten gemeinsam beschlossen, Anderbergs Asche seinem Bach zu übergeben, einem Wildbach, der gischtend aus den Bergen heruntergeschossen kam.

Und?

Übereifrig oder obrigkeitshörig, wie die Schweizer seien, sagte Sophie-Charlotte, hätten die Frauen sich beim Amt erkundigt, ob das erlaubt sei. Die rasch eintreffende Zustimmung der Behörde enthielt die Vorschrift, dass die Asche nicht in das Wasser eingestreut, sondern dem Bach in einer speziellen wasserlöslichen Papierurne übergeben werden sollte.

Nun, es regnete leicht, die kleine Trauergesellschaft stand in Windjacken und Mänteln auf dem Bachgeröll, verkleidete Vögel. Die wasserlösliche Urne wurde an einer Schnur ins Wasser gegeben und kam unter einem umspülten Brocken zu liegen. Ein weiße Zylinder mit seinem Schnürchen.

Und dann?, fragte Himm.

Nun ja, sagte Sophie-Charlotte: sie löste sich nicht auf. Wir standen da und warteten und froren. Anderbergs Exfrau, die Schauspielerin, tief traurig und hoch exaltiert, hatte die Schuhe ausgezogen, stand im kalten Wasser und versuchte, die Strömung so gut wie möglich an die verdammte Urne zu leiten. Dann hockte sie sich auf einen großen Felsen mitten im Bach und schaute auf die weiße Urne und wie die dem Wasser widerstand. Sie war ein Denkmal der Trauer geworden.

»Wir alle haben lange gewartet«, sagte Sophie-Charlotte, »wir traten von einem Fuß auf den anderen, da, in dem Bachgerinnsel. Jeder spürte, wie die Trauer langsam wich, dann nicht mehr aufrechtzuhalten war und einer gewissen Langeweile Platz machte, wie Gereiztheit aufkam. Wir fingen an, uns über dies und jenes zu unterhalten, nach anderem nachzufragen. Der Trauerton schwand aus den Stimmen. Wann fährt eigentlich der nächste Bus nach Locarno, habe einer gefragt.«

Es war, als ob Anderbergs Gereiztheit noch einmal auferstanden wäre. Noch einmal habe er seinen Freunden und Freundinnen gezeigt, wie er ihren Erwartungen an ihn widerstand. Sein Eigensinn sei in Form einer wasserlöslichen Urne wiedergekehrt, einer, die sich im Wasser nicht auflösen wollte.

———————————————————————

IN GEDANKEN an Oskar deWintzer erinnert sich Himlicek augenblicklich an das im schräg eintretenden Sonnenlicht funkelnde Glas mit Weißwein, das Oskar vor sich auf dem leeren Tisch stehen hat. Das Licht aus dem Fenster durchfährt das Glas, indem es sich in ihm bündelt und als Fächer daraus wieder hervorschießt. Dann erst sieht Himlicek den Tisch, auf dem das Glas steht, und danach erst den Mann, der behaglich hinter dem Tisch in einem Korbstuhl sitzt und auf das Glas blickt, ein großes Fenster im Rücken.

Und diese Vergegenwärtigung fährt dann wie mit einem filmischen Travelling durch den Raum, über den Esstisch, die Küche, zu den Sitzmöbeln, dem Fernseher und dem Stereoverstärker, um dann zuletzt auf der Badewanne stehenzubleiben, die sich der Freund in die Mitte seines Lebens-Raums gebaut hat. Das Ding steht überdeutlich an einem Ort, an dem man es nicht erwartet.

Es gibt also eine prästabilierte Ordnung der Dinge. Wo diese nicht eingehalten wird, herrscht da nicht Unordnung? Hier doch nicht!

Warum?, hätte Klein-Himm angesichts von Oskars Badewanne gefragt. *Was macht sie da?*

Erwachsene wundern sich, und schweigen. Es gibt ein Einverständnis darüber, dass solche Fragen zu nichts führen. Ganz früh, beim ersten Erwachen, wird einer vielleicht noch einen schwierigen Augenblick lang daran zu beißen haben, was wirklicher ist: seine Traumreste, in denen er noch ein wenig herumschnüffeln kann, oder das, was ihm nun bevorsteht. Dann beugt er sich der Wirklichkeit und akzeptiert ihre Bedingungen.

Wenn Himlicek jenen Raum vor sich sieht, sich daran erinnert, bleibt das Weinglas trotz der ungewöhnlich aufgestellten Badewanne immer das Zentrum, zu dem seine Gedanken zurückkehren. Dann, wenn er wieder bei dem Glas
angelangt ist, hört er auch die Musik aus den Lautsprechern,
leise Töne, mit denen Oskar beim Wein sitzt, saß, dasitzen
wird bis in alle Ewigkeit, allein, nicht unzufrieden, während das allgemeine Unglück einen Bogen macht um das
kleine Haus.

Nicht zufällig steht Oskars Badewanne als Behauptung
eines selbständigen, selbstsicheren Charakters unerschüt-
terlich im Zentrum seines Wohnraums: eine mit Mörtel und
Emailwanne materialisierte Unabhängigkeitserklärung. Eigensinn, das auch: Wenn ich baden will, dann bade ich *so.*

Oskar hatte sich mit seinem Wein einen Namen gemacht,
das heißt, er hatte etwas in die Welt gesetzt, das vorher nicht
da gewesen war und nach ihm bleiben würde. Und er hatte
einen Sohn im Nebenhaus, der mit seiner Familie den Betrieb weiterführen sollte. Als dieser sich vom Weinbau ab-
wandte, einem kräftezehrenden Beruf, sicherte Oskar seinen Betrieb durch Fusion mit dem eines ihm artverwandten
Winzers.

Ein Mann, der mit sich übereinstimmt, und übrigens heißt
er mit altem flämischem Familiennamen deWintzer, wie so
oft Berufsleute ihre Tätigkeit schon im Namen tragen: der
Gärtner *Schollenbrecher,* seine Konkurrenten *Blättli* oder
Spross, der Orthopäde *Holzbein,* der Schneider *Stich,* sein
Kollege *Fingerhuth;* der Metzger *Messerli,* und sein Zunft-
bruder *Angst,* oder eben ein Schneider *Schneider.* Erinnerns-
wert ein Sargmacher, dessen Geschäft Himlicek in Italien
aufgefallen war und der *Tarlo* geheißen hatte: *Holzwurm.*

Der Wein, ein Stück von der Natur, das andere Zeiten
kennt als ein Menschenleben.

Die Kunst des Winzers besteht darin, die Natur in eine höhere Tonart zu transponieren, diese in Siebenkommafünftel-

Takte aufzuteilen und auf Flaschen zu verteilen und darin zu überliefern, bis nach einer ganz anderen Zeitrechnung als der der Jahreszeiten diese höhere Natur in der Flasche wieder langsam erlischt.

Oskar hatte die Weinberge angelegt, aufgezogen, gepflegt, und er hatte mit seinen Trauben ganz offensichtlich den Wein kreiert, der ihm selbst am besten mundete: schlank, reintönig, mit hellem Klang.

Oskars Weine wurden prämiert, sind gesucht und rar, der Preis hoch – wer seinen Rebberg einmal gesehen hat, jäh abfallend wie in den Alpen eine Wildheuermatte, der weiß warum. Oskars Wein ist dem Berg abgerungen, der mageren Erde, die den Granit an manchen Stellen kaum deckt. Dann handwerklich gekeltert, im Eichenfass ausgebaut, abgefüllt, etikettiert, Flasche für Flasche ein Einzelstück. Sein Name erinnert an das Gestein, dem er abgerungen worden ist: *Tracce di Sassi*. Und Oskar müsste kein Träumer sein, machte er daneben nicht auch noch, in kleinen Mengen, einen *Conte di Luna*.

Das bleibt doch jetzt, denkt Himlicek: der Wein, seine Namen, der Anspruch. Und die Würde hat er auch in sein Alter gerettet, der Oskar.

Einen Herzinfarkt hat er einfach beiseitegeschoben. Man hatte ihn im letzten Augenblick gefunden, in die Klinik überführt, aufgepäppelt. Tant pis, er sitzt weiter mit dem Glas an seinem Tisch. Er hat mit dem Rauchen nicht aufgehört und nicht mit seinem Lebenslauf, und mit seiner Autonomie schon gar nicht. Er fährt mit dem Postauto einmal in der Woche zum Markt in die Stadt, wo er seine lokale Salami, den frischen Ziegenkäse, das Sauerteigbrot und sein Gemüse kauft. Oskar mag nicht unter dem Anspruch essen, den er an den Wein stellt.

Er hat einen ausgebildeten Geschmack für jene Dinge, die nach altem Brauch hergestellt werden. Lebens-Mittel – einer wie Oskar kann wohl den ursprünglichen Wortsinn noch hören, so wie man an einem guten Hammer nicht nur den Stiel spürt, sondern auch das Holz, das ihn ausmacht. Und so wiederum soll wohl sein Wein sein, wenn Himm das recht versteht: das Beste und Unmittelbarste, was man aus sorgsam gehegten Weinstöcken gewinnen kann.

Oskar hat einen *Master in Agricultural Science* von der besten technischen Hochschule des Landes. Er hat Jahre darauf verwandt, seinen steilen Rebberg anzulegen, dessen schwierige Bewirtschaftung ihm von Anfang an klar gewesen war. Geschult als Agroingenieur, ist er dickköpfig wie ein Bauer, und beharrlich in beidem.

Auf seinem Tisch liegen immer ein paar Bücher. Die Musik aber, die ihn in seinem Gehäuse leise umgibt, deutet darauf hin, dass Arbeit allein ein Resultat wie das seine nicht garantiert. Arbeit gewiss, aber es braucht wohl auch so etwas wie Gehör für seine Dinge. Für ihr Maß, ihre Qualität, ihre Lauterkeit.

Musikgehör für die Dinge, *Einfühlung.* Von dem botanischen Teil der Sache angefangen, dem Weinstock, und dem, was ihm vorhergeht, dem Setzling und dem Pfropf, zu der Schere, mit der man die Reben beschneidet. Wie liegt diese in der Hand? Was erwartet man vom Schneiden, und welche Schnitte muss das Werkzeug tun? Wie fühlt sich die Schere an in der Hand, und wie die Hand, wenn sie am Abend die Schere hinlegt?

Der Spaten, die Hacke. Die Schubkarre und das kleine Raupenfahrzeug, mit dem er die vollen Körbe aus den Zeilen des Weinbergs holt. Die Körbe, sie dürfen aus Kunststoff sein, in die man die geernteten Trauben legt. Und alles, was danach kommt: Wannen, Pressen, Schläuche, Filter; Stahltanks, Fässer, Flaschen.

Himlicek hat Oskar seine Anwandlungen von Heimweh geklagt, wenn er an das Land denkt, das er in der Kindheit noch erlebt hat: eine Welt zum Anfassen. Die hatte man damals nachgebaut, aus farbig bedruckten Ausschneidebögen, ausgeschnitten, gefalzt und geklebt. Die Ausschneidebögen aus festem Halbkarton wurden von einer Schuhcreme-Firma ausgegeben, die damit für sich Reklame machte. Was für eine harmlose Zeit. Klein-Himm klebte das Modell des Gehöfts zusammen, das in der Stadt den Bauernhof ersetzte, an diesen erinnerte. Die Hand erinnert sich an das Anfassen, das Biegen der Laschen und das Festhalten, während der Kleber trocknete.

»Vorbei!«, hat Himlicek an Oskar geschrieben. Aber das wisse man ja. »Doch es ist eine Nostalgie dabei, in diesem *Damals*. Kann man davon reden, ohne banal zu sein? Sentimental? Es hilft nichts. Unser aller Heimweh – *Heimweh* mal als Chiffre – wird immer größer, je weiter wir uns von den *Dingen*, oder *den* Dingen entfernen. Ich weiß nicht, ob du von solchen Anwandlungen heimgesucht wirst – ich immer öfter, und es ist nicht einfach das Alter, das sie auslöst.«

Sehr schnell hat Oskar mit einer ausführlichen Mail geantwortet:

Betrifft Heimweh nach den Dingen.

»Die Intensität dieser Anwandlungen, wie sie Dich heimsuchen, kann ich natürlich nicht ermessen. Aber ich kann Dich beruhigen. Derlei Melancholie und Nostalgie umzingelt mich regelmäßig, meist durch Bilder oder oft auch Gerüche ausgelöst. Wir sind ja in gewisser Weise immer auch Romantiker gewesen, wir zwei, *Romantiker der Moderne*. Das Alter ist bestimmt ein Faktor, der heftig mitspielt. Aber ich glaube, dass noch entscheidender der Strukturwandel wirksam ist, der durch die Digitalisierung seit 2000 in alle Bereiche hineinreicht. Das ist wirklich ein Hyperepochenbruch, wie es Sloterdijk einmal nannte.

Wir sind nicht nur Kinder eines anderen Jahrhunderts, nein, eines anderen Jahrtausends.

Alles, was hinter uns liegt, war im Kern eine literarische Welt, eine Erzählwelt, die dem Duktus und Rhythmus des Lebens folgte – und zwar analog in Zeit und Raum. Das ergab für uns eine Struktur der Lebenswelt, in der wir uns über Sprache und Bilder einrichten konnten.

Diese Welt scheint mir wie weggebrochen.

Der Gestus der Instant-Kultur, der alles für alle jederzeit und subito in jeder Ecke der Welt zugänglich macht, zerstört den interpretativen Raum, in dem all unsere kulturelle Selbsterzeugung und Individuation (C. G. Jung) Gestalt annehmen konnte. Ich habe letzte Woche ein Gespräch darüber mit einem Kunden geführt, Weinkenner haben eine Neigung zur Philosophie. Wir waren schnell auf einen Punkt gekommen, den wir für diese Art Erfahrung als ganz zentral empfinden. *Die Instant-Kultur zerstört die Semiotik,* das heißt, wir verlernen es, die Zeichen zu lesen, mit denen die Dinge sich uns mitteilen, die Welt wird unlesbar. Irgendwie ist das wohl bald auch das Ende des Lesens, und dann des Schreibens. Wenn ein US-Präsident nur noch in den Comic-Blasen von Twitter kommuniziert – wohin geht dann die Reise?«

Auge in Auge hätte Himlicek mit Oskar vielleicht nicht über solche Dinge gesprochen, und Oskar schon gar nicht so hochtrabend. Himm fährt zu Oskar, wenn er ihr gemeinsames Schweigen braucht. Dann sitzen sie an Oskars Tisch, hinter ihrem Glas, und machen ein Gesicht. Der Raum zwischen ihnen bleibt spürbar als eine Art von Respekt.

Oskar gehört nicht zu denen, die nicht wissen, wo sie aufhören und wo der andere anfängt. Wenn Himlicek die paar Stufen zur Haustür genommen und geklingelt hat, kommt Oskar erst nach einer Weile. Es schlurft, bevor sich die Tür öffnet. Es hat etwas Zögerndes, obwohl Oskar wissen muss, wer vor der Tür steht. Einen winzigen Augenblick lang lässt er ihn warten, nicht weil er den anderen nicht einlassen will, sondern eher mit einer gewissen Scheu.

Die Frage, die Himlicek sich oft stellt: ob er überhaupt *zumutbar* sei, beantwortet Oskar auf seine Weise, nämlich indem er sich auf sich zurückzieht. Auf das, was er liest, auf die Zigaretten, die er sich durch einen Herzinfarkt nicht aus der Hand nehmen lässt. Und eben, auf das Glas. Auf dieses eine und die absehbar weniger werdenden, die ihm noch zustehen.

»Wir haben diese Welt in wenig mehr als fünfzig Jahren total versaut, wenn du als Stichdatum mal das Ende des Zweiten Weltkriegs nimmst. Die Nachkriegszeit war die Welt, die noch in Ordnung war, wir lassen die Kriegszerstörungen mal beiseite«, sagt Oskar. »Die Natur meine ich. Inzwischen ist alles verbaut, vermüllt, asphaltiert, und wir sind grade daran, uns selbst den Rest zu geben. Einst waren die nordamerikanischen Indianer dran, dann die Juden; später die Amazonasindianer, und jetzt sind die Inuit am Einpacken, man hat ihnen ihren Boden unter den Füßen weggeschmolzen. Wann sind wir dran? Übrigens, wusstest du, dass die großen französischen Champagnerhersteller in England investieren? Bei ihnen wird es für einen guten Champagner langsam zu warm.«

Die Welt dreht sich, aber Oskars Gehäuse ist stehengeblieben, störrisch. Vom Kirchturm her das langsame, tastende, zögerliche, unregelmäßige Bimmeln von dem lombardischen Kirchturm, das melodische Anrufen, das Fragen: ob einer da sei, der es hören möchte? Oskars Tessiner Glocken, ihre besondere Höflichkeit.

Oskar *wartet*. Ein Warten, das kein Abwarten ist, eher ein Sinnieren, oder ein Träumen in unbestimmte Richtungen, Flockengestöber ferner Erinnerung.

Er ist ja ein Alter geworden. Unrasiert, lächelnd, immer noch kräftig, die Hände von der Arbeit geformt, unter dem gesenkten Blick das stopplige Gesicht, vom Wein illuminiert.

Himlicek sieht hinter Oskars Rücken auf dem Fensterbord eine kleine Versammlung von alten Siphonflaschen, gedrechseltes Glas, weiß, blau, gelblich, mit einem vernickelten Hahn obendrauf, und er erinnert sich an jene Glasbläser, die er als Halbwüchsiger in Murano gesehen hatte.

Die stämmigen Männer, kräftig, in derben Schürzen, die Ärmel hochgekrempelt vor dem Fauchen der Feuer und der Brenner. Er vergegenwärtigt sich ihre Werkzeuge, die Scheren, die großen Pinzetten, die Zangen, die es braucht, um dem Glas, das vor dem Glasbläser zu einem schwankenden Ballon wächst, die Form zu geben. Die Form, die es braucht, um Glas als solches sichtbar zu machen – eine Flüssigkeit bekanntlich, die aber fest ist, etwas Festes, das flüssig bleibt, an der Grenze vom Stofflichen zum Immateriellen.

Er habe im Winter manchmal, wenn draußen nicht viel zu tun war, etwas aufgeschrieben, sagt Oskar, als Himm ihn fragt, was er den ganzen Tag so mache. »Manchmal stolpert man über etwas, es fällt einem etwas auf, man weiß zunächst nicht, was. Kennst du das? Ich versuche, es ein bisschen zu fassen, so wie ein Zeichner, stelle ich mir vor, einen Gegenstand studiert, mit dem Bleistift auf dem Papier. Kann aber leider nicht zeichnen. Übrigens auch nicht schreiben.«

Sie schweigen.

Dann hält Oskar die Flasche gegen das Licht, und nickt. Dann schenkt er nach.

———————————————————————————

IM SOMMER standen Gläser, Teller und Flaschen darauf. Vielleicht flackerten Kerzen auf dem Steintisch, vielleicht hingen Lampions, vielleicht leuchteten farbige Lämpchen. Jedenfalls, nachts, wenn einer allein saß am Tisch, spürte er mit seiner Hand die Wärme des Tages im Stein, den Nachhall. Jetzt sprach der Tisch mit ihm.

Die Flecken von Öl und Wein, von Wachs oder Fett sind von den Gesprächen geblieben, die über ihm geführt wurden. Man könnte den Tisch scheuern, denkt Himlicek, kräftig scheuern mit Bürste und Seife, man könnte ihn fegen, den Tisch, er würde es genießen. Aber es hülfe nichts. Die Flecken würden bleiben. Im Winter aber tilgten Regen und

Kälte alles von selbst. So ein Tisch würde sich selbst reinigen, keine Angst.

Übrigens verlor man die Angst, wenn man an ihm saß.
Man musste nur die Hand auf ihn legen.

Der Tisch ist aus Granit. Es ist ein Tisch, der sich nicht
biegen will. Granit aus den Alpen, ein hellgraues, feinkörni-
ges Gestein, sandig anzusehen, wie ein Gebirgsbach. Schwer
wie ein Gebirge. Die Hand sucht auf seiner griesig behaue-
nen Oberfläche das Gedächtnis des Steins. Es führt sie ins
Weltinnere. Granite entstehen in den meisten Fällen nicht
aus Material des Erdmantels, sondern aus aufgeschmolze-
nem Material der unteren Erdkruste. Für die Entstehung
von Magmakammern muss mit Zeiträumen von zehn bis
fünfzehn Millionen Jahren gerechnet werden.

Das hat die Hand gespürt.

Der Tisch steht ein paar schöne Jahre lang schon da, ein
Altar aus mausgrauem Stein, eine Tavola auf zwei steiner-
nen Stützen. Es hätte ein Toter gut auf ihm liegen können. Er
steht, ganz und gar Granit, auf dem Boden, der zu der lehmi-
gen Ebene hin abfällt, *terra argilosa,* den Feldern. Er stößt
sich ab vom Boden, der Tisch; Himlicek spürt die Kraft. Der
Boden könnte erodieren, der Tisch aber, eine Arche, würde
ihn überleben. Er würde alles hier überleben.

Es könnten Flechten wachsen auf dem Tisch. Nein, nicht
hier, hier nicht, nicht in dieser mit Glut überwehten Gegend.
Weißgraue Flechten mit grünem Rand, anderswo. Himlicek
spürt manchmal einen Ruf von dort. Dort, dort könnte der
Tisch ein Fels geblieben sein, von Farn und Heidelbeerkraut
umwachsen.

Der Tisch ist ein Denkmal. Er erinnert an viel, und so
auch an die anderen schrundigen Granitplatten, an denen
man mit Freunden gesessen hat, einst, mit Gläsern, Karaf-
fen und Gesprächen. Solche Tafeln sind Männertische. Viele
der Freunde inzwischen verschollen, die Zeit der Gespräche mit ihnen – in jenem Orkus verschwunden, in dem zehn

oder fünfzehn Millionen Jahre nur eine Sekunde sind. Und wo das Wort Sekunde nur noch ein Wort ist, ein Wort ohne Bedeutung, sieben Buchstaben ohne Verbindung.

Himlicek hatte den Tisch eigenhändig hergebracht. Die schwere Platte war genau so lang gewesen, wie Platz im Auto war. Das war kein großer Tisch, aber er bot Platz für sechs, und wenn man zusammenrückte auch für acht. Und für ihrer aller Heiterkeit.

Der Vorarbeiter im Steinbruch hatte Flavio geheißen. Flavio rechnete auf einem groben Holztisch auf einem Stück Papier in einer staubigen Werkhütte. Es roch nach Steinmehl.

»In sechs Wochen kannst du wiederkommen und ihn abholen.«

Das Geld reichte sogar für handbehauene Kanten.

Er fährt manchmal mit dem Finger der Kante entlang.

Was ist schon Geld.

Der Tisch, ein schwerer Stein, ist nicht mehr dort, wo sein Ursprung war. Himlicek auch nicht. Eine Zeit hatten sie miteinander. Er da am Tisch hat es immer gewusst: Wenn es zur letzten Zählung ginge, bald, würde er verschwinden. Der Tisch würde bleiben. Und würde dabei sein und stehenbleiben, wenn sich der Himmel verfinsterte und die alten Mauern hinter ihm bröckelten, und stürzten.

———————————————————————————

4

Eine Reise nach Sauveterre

―――――――――――――――――――――――――――――

CAFÉ DE L'UNIVERS, da steht es deutlich und in Großbuchstaben über der Fassade. Zwei Reklametafeln für *Apéritif Byrrh* sind neben den großen quadratischen Scheiben zum Schankraum angebracht. Das Glas ist ornamental geätzt, ein feiner gläserner Vorhang. SAUVETERRE steht da, am Rand. Mann!, da ist sie doch, deine Adresse!

Zwölf Personen, zum lässigen Gruppenbild zusammengerückt, sitzen auf der Karte, das heißt auf dem Foto, das für die Postkarte gemacht wurde, das heißt vor dem Café. Vergnügt schauen sie, und so, als ob sie auf den Augenblick gewartet hätten, in dem dieser Himlicek sie anschauen würde. Ihnen begegnete. Endlich.

Auf der Rückseite ein Poststempel.

Es war am 25. Juli 1918, als der Absender, ein Bessurie oder ähnlich, sein lakonisches *amical souvenir* an einen Monsieur Pons sandte, zu jener Zeit Patient im Hôpital von Nîmes, Zimmer 63. – Hospital? Ein Hôpital kann auch ein Altersheim sein.

Himlicek begreift sofort, dass die Postkarte, zwar an einen Herrn Pons gerichtet, für ihn und nur für ihn bestimmt gewesen war. Sie hat einen Umweg gemacht, einen über Herrn Pons, seine Nachkommen und mindestens einen Antiquitätenhändler. Und einen Umweg durch die Zeit, durch hundert Jahre.

Dornröschenzeit.

Himlicek begrüßt jeden einzelnen von den Typen, die vor dem Café lümmeln und ihre Schuhe, Stiefel ud Holzpantinen dem Fotografen entgegenstrecken. Er schaut von einem zum andern, lässt sie durch die Lupe zu sich heranwachsen. Ein Gruppenbild wie aus dem tiefsten Frieden. Draußen ist Weltkrieg, es sind die letzten, blutigen Monate. Hier in Sauveterre – in *Sauveterre* – sitzt man ausgesprochen zivil auf zwei Bänken im Freien und hinter einem Glas. Da stehen drei Bistro-Tische, eine Weinflasche, eine Wasserkaraffe, wohl für den Pastis. Die Beine haben sie von sich gestreckt oder lässig gekreuzt, entspannt. Hinter sich das *Univers,* vor sich das Nichts, Gaffer am Lebensstrand. Keiner von den Männern und den beiden Jungs, der nicht Hut, Schiebermütze oder Béret aufhätte – halt, einer doch, der mit dem Mittelscheitel, der in Anzug mit Weste und hohem Kragen, der Pharmacien, Avocat, Docteur? Zehn Mannsfiguren und zwei Frauen; eine lehnt im Türrahmen, die Wirtin wohl. Ein schwarzes Bündel, ein Hund, liegt auf einer der Bänke.

Scheint eine ländliche Gegend zu sein: Gebüsch am Postkartenrand, struppige Pflanzen in alten Fässern in der rechten Ecke, der Boden vor dem Café ungepflastert. Ein Bäumchen steht im Hintergrund, kahl und mager. Die Männer tragen Jacken, Westen, dicke Schuhe. Das Bäumchen friert.

Himlicek hat ein *Café de l'Univers* in Paris gesucht, und eines in den Cevennen gefunden, hier, im Aveyron. Die Leute schauen ihn an, als möchten sie herübergrüßen, und ihm ist es, als hätte er alte Bekannte da unten, als wäre diese Begegnung ein Wiedersehen. Jedenfalls ist etwas von Ankunft dabei, von der Erleichterung, dort endlich anzukommen, wo man schon so lange hingewollt hat.

Meine alten Freunde in Sauveterre: als ob er sie schon eine Ewigkeit lang gekannt hätte.

Das sind meine Bauern, denkt Himlicek, und in diesen

wiederum, unendliche Wiederkehr, meine Vorväter, Väter, Mütter, Onkel und Neffen. Als könnte er sie benennen: rechts seine Mutter mit ihm selbst, Himm, als Zwölfjährigem. Da jener Großonkel, den man Drunggle genannt hat, oder hier ein paar Schulkameraden, da, der großgewachsene Daniel, Daniel der Besserwisser, natürlich auch hier im Zentrum des Fotos.

Er sieht andere, denen er im Leben begegnet ist, Rab, Hebel, Schlösser, Anderberg. Erkennt Teo Wild, den Anthropologen, der der Menschheit überdrüssig war – Wild, der Misanthrop, dessen Wissenschaft zuletzt auf fünf Wörter geschrumpft war: *Der Mensch ist ein Arschloch.*

Dann erst sieht Himm, sieht Himlicek: Da, das ist doch meine Freundschaftsgesellschaft, eine, die durch diesen Ort und das Café verbunden ist. *Le Cercle des Ratés.* Der Cercle, mit seiner losen Vereinigung von Mitgliedern, hier sind es dreizehn, die sich zur Jahresversammlung zusammenfinden, in *Sauveterre,* diesmal nur, oder trafen, treffen sie sich da regelmäßig, treffen sich immer wieder, bis in alle Ewigkeit?

Es ist ein Club der Sitzengebliebenen, der Versager, der Zukurzgekommenen, der Cercle jener Unglückseligen, die niemals das erreichen, was sie ein Leben lang vor sich sehen, Esel, die immer hinter der vor ihrer Nase aufgehängten Karotte herlaufen. Der Cercle des Ratés, der sich, so erzählt es die Vereinschronik, von Vatel herrührt oder sich doch auf ihn beruft, auf François-Frédéric Vatel, der aus einer Zürcher Familie stammte und eigentlich Fritz-Karl Watel hieß, geboren 1631 in Paris, Haushofmeister und Maître de Plaisir beim Prinzen von Condé, später beim reichsten Mann Frankreichs, Nicolas Fouquet, als Chef der Küchen und des Prunks engagiert und daher verantwortlich sowohl für die Gastmähler wie für die gewaltigen pyrotechnischen und theatralischen Begleitshows, Kulissen, Theatermaschinen, Feuerwerke inklusive gelegentlich eines neuen

Stücks von Molière – und vielleicht hatte Vatel auch zwei,
drei Hochmastartisten engagiert, die auf ihren hölzernen
Halmen, Fahnenmasten, fürstlich gewandet, bunter Taft
und farbiger Tüll, im flackernden Licht des nicht aufhören-
den Feuerwerks leise schwankten, als riesige aufgespießte
Schmetterlinge hoch oben über den Tafeln, den Leuchtern,
Porzellanschüsseln aus Sèvres, kunstvoll geätzten venezianischen Gläsern, goldenen und silbernen Tellern, dort oben
im Schwadenrauch dieser Feuerwerke auftauchend, wieder
verschwindend, exotische, märchenhafte Vögel vor dem mit
Blitzen durchzogenen Schwarz des Himmels.

Vatel also, der von Madame de Sévigné als Beispiel von
Verantwortungsgefühl bei einer großen Aufgabe geprie-
sen wurde – denn Vatel, Fritz-Karl Watel stürzte sich ins
Schwert, als die Fischlieferung für ein Festmahl Lud-
wigs XIV. nicht rechtzeitig eintraf – ein Festmahl, an dem
3'ooo Gäste teilnahmen und das die Summe von 600'ooo
Ecu gekostet haben soll –, stürzte sich ins Schwert, oder
nicht eher in sein großes Küchenmesser?, und starb, sein
Scheitern nicht überlebend, doppelter Raté, da, wie Himlicek vermutet, der Fisch gleich darauf eintraf. Vatel, ewigen
Gedächtnisses würdig und eines Monuments der Vergeblichkeit, das ihm freilich, auch hier nochmals raté, versagt
blieb bis zum heutigen Tag und dem nur in Sauveterre ein
paar Versprengte jährlich gedachten, an der Jahrestagung
ihres Vereins, an der sie ihm als ihrem Doyen jährlich mit
einem Glas Champagner zutrinken, hier in Sauve-Terre, an
einem Ort also, an dem die Erde noch einmal gerettet wird,
und in dem Café, in dessen Namen alle Gestirne des Welt-
alls kreisen.

Hier, in diesem Café, gedachten sie ihrer Ehrenmitglie-
der, allen voran Flauberts Katastrophenvögeln Bouvard
und Pécuchet, raté!, gedachten sie des unglückseligen deutschen Tragödiendichters Christian Dietrich Grabbe, der nur
mit einer Komödie überlebte, raté!, gedachten sie des Kom-

ponisten Ennio Morricone, der Welterfolge feierte, aber niemals dort, wo er wollte, raté!, erinnerten sie sich an Gustav Mahler, den genialen Komponisten, an dem die Zeitgenossen immer nur den Kapellmeister akzeptiert haben, raté!, ließen sie Ennio Flaiano hochleben, den Autor eines nobelpreiswürdigen Kriegsromans und Verfasser ätzendster Aphorismen, von dem man nur die Drehbücher gelten ließ, die er für Fellini geschrieben hatte, raté!; da erinnerten sie an Gloria Swanson, die Diva des Stummfilms, die mit dem Tonfilm unterging, raté!, erinnerten sie an verstorbene Mitglieder wie Georg Scheiterlin, raté!, complètement raté, rattissimo!, den unbeachteten Autor der ebenso unbeachteten, ungedruckten, jedoch jahrhundertübergreifenden Monographie *Alle Arten von Melancholie*. Der Cercle des Ratés, darüber waren sie sich einig, das feierten sie hier, in Sauveterre, ist das Darknet des kulturellen Kanons, ist die Rückseite des Mondes und was immer auf ihm leuchten mag.

Befeuert von einem Wortpaar, dessen innerer Widerspruch ihn nicht loslassen will, *Café* versus *Univers*, gesteuert von einer alten Postkarte, die ihm die Richtung weist, fährt Himlicek südlich von Lyon südwestwärts. In diese einzig richtige Richtung biegt Himlicek bei Saint-Pierre de Bourg nun endlich ab, Jahre, nachdem ihn die Postkarte erreicht und ihn auf den Weg geschickt hat.

Ein paar Kilometer südlich des Winzerorts Condrieu und nach einer Höllenfahrt durch den gestrigen Abendverkehr, Staus, prasselnder Regen, immer gleich aussehende Verkehrskreisel, während er Vienne entgegenirrte und Obdach fand, die Nacht verbrachte in der Hôtellerie Beau Rivage, Foie gras und roter Plüsch, Blümchenvorhänge und knirschend öffnende Fensterflügel.

Und am Morgen, Schönwetter ist aufgezogen, der Fluss weit und ruhig vor dem Fenster, ein Schlepper als Dreingabe, flacher Sonnenglanz auf dem Wasser. Kann eine Rhône so breit sein?

Er nimmt die D503, grün angezeichnet als »parcours pittoresque«. Er schraubt sich in Kehren durch eine dunkle grüne Schlucht aufwärts, immer nur aufwärts, einsame Straße, ein Maulwurf auf dem Weg zum Licht, die dunkle Schnauze der Kühlerhaube voraus, während Wasserdampf aus den Büschen in den blassblauen Himmel steigt, eine schwache Sonne nach der Sintflut von gestern Abend den Dampf als feinste Mousseline in den hellen Azur befördert, ein Spektakel ganz nach Himliceks Lebensgefühl, das sich in einem lauten Lustschrei in das leere Automobil entlädt.

Durch den Parc naturel régional du Pilat zweiundzwanzig federleichte Kilometer nach Bourg-Argental, dann weiter im Parc bis Montfaucon-en-Velay. Der Reisende erreicht inzwischen eine offene Anhöhe, Dörfer an die Hänge geklebt, graugelb wie Schwalbennester, und weiter der grünen Linie entlang in Richtung Le Puy-en-Velay. Auf Michelin als Reiseveranstalter kann man sich verlassen.

Le Puy lässt Himlicek trotz der auf einem jähen Sporn ihm zuwinkenden Kathedrale im Talgrund liegen. Auf der N88 kommt er nach einigen Kilometern auf eine unter einer durchsichtigen Bläue ausgespannte, in der Ferne von Bergen gesäumte Hochebene.

Diese Weite, ungewohnt –

Hier, wo der Himmel die Erde berührt, auf diesen tausend Metern über dem Meer, wo kein Stück Pappe zwischen das Grün unter den Füßen und das Blau über dem Kopf zu passen scheint, hier müsste man die Arche bauen, denkt Himlicek. Da, im Flachen, wo das nächste Gehöft La Sauvetat heißt. In dieser biblischen Gegend, nicht unähnlich jenem kenianischen Hochland nahe dem Turkana-See, wo der Australopithecus anamensis lebte, vor drei Millionen Jahren, wo Anfang war, also hier, wo Himlicek neben seinem Auto steht, direkt an der Route Nationale 88. Diesmal, bitte, kein symbolisches Boot. Man nimmt dafür Aviatikschrott aus dem nahen Toulouse, alte Keramik, Rostblech, macht eine sanfte Rakete, aufgebockt auf drei Schwanzflossen, Nase himmelwärts.

Es kommen diesmal nur die Tiere der Gegend mit, dafür von allen mehrere Individuen zwecks hereditärer Diversität – Rindvieh, Schafe, Ziegen, Esel, Hunde, Katzen, Igel, Marder, Mäuse, Vögel, Würmer, Hummeln und Brummeln, dazu die einheimischen Pflanzen, Botanik von der Tausendmeter-Kote: dieses unendlich sanfte Gras mit seinen nickenden Rispen, die Kastanien, Eichen, Birken, das Gestrüpp, Efeu und Waldrebe, die Moose, die Farne und die Schlingpflanzen aus den Seen.

Erreicht das Raumschiff den Planeten Terrestra2, erledigen die Piloten die Landung, sichern das Raumfahrzeug, öffnen die Klappen, zerstören die Triebwerke; dann werden sie in ihrer Kabine von dem ausströmenden Humanozid erledigt, der zweite Versuch Erde findet ohne den Menschen statt. Die Fähre ist selbstverrottend, versinkt und verschwindet vollständig. In einem Monat ist sie weg. Aber die alte Zeiteinheit gilt auf Terrestra2 ohnehin nicht mehr. Der neue Planet ist rundherum französisches Hochland, die Felder, die Bäche und Seen, die Wälder, ausreichend für eine ganze Schöpfung. Weidende Hirsche auf einer Lichtung, ihr Geweih senkt sich auf den Rücken, wenn sie den Kopf heben. Dann sehen sie am Himmel die Erde.

Himlicek wirft die leere PET-Flasche, nicht ohne sie zerknüllt zu haben, in den Container am Rastplatz und fährt weiter Richtung Pradelles, Langogne, Châteauneuf-de-Randon. Niemand außer ihm unterwegs. Tiefschwarzes Asphaltband, ausgezogene Linie links, ausgezogene Linie rechts, gestrichelte Sicherheitslinie in der Mitte. Im Rückspiegel, hinter Viehzäunen, der aufrecht stehende Kegel der Raumfähre.

Nächster Orientierungspunkt Mende, Département Lozère, Okzitanien. Von *Mende* hat nicht nur Himm noch nie etwas gehört. Oder doch?

Die letzten Kehren in den Ort hinunter. In einer Klus den Fluss entlang, in die grüne Engnis, fast schon eine Schlucht, teilen sich Bach, Straße und eine offenbar stillgelegte Eisenbahnlinie. Dann das Ortsschild, Mende; 12'000 Einwohner, immer noch auf 700 Metern Höhe.

In der Kathedrale von Mende hatte ein jüdischer Flüchtling im Juni 1940 eine Vision: »Ich saß in Mende auf der Bank, in der fast leeren Kirche, meine Blicke wanderten zu dem, der dort schrecklich hing, fragten, kehrten leer wieder. Der am Kreuz hängt, spricht nicht zu mir, aber ich spreche zu ihm.«

Die Wochen in Mende, im Lager, von der Familie getrennt, einsam, und dieses Kruzifix. Später konvertiert er zum Christentum, Alfred Döblin.

Himlicek erinnert sich, achtzig Jahre später, hier, im DRAKKAR PUB, in dem er sich hinter einem runden Ecktischchen niedergelassen hat, an seine Lektüre der *Schicksalsreise,* lange her, in einer Ecke des rundum verholzten Interieurs, einer Art mehrgeschossigen Geisterbahn, dunkel getäfert mit Schächten, die in die Abgründe mit weiteren Tischen und Stühlen, der Toiletten und Betriebsräume führen, vielleicht auch zu Kegelbahnen, Verliesen, oder auch nur winkligen Vorratsräumen, die Treppenabgänge voller Plakate, Schilder, Bilder von Wikingerschiffen und einer Gesetzestafel mit den »Règles Viking«: »Être prêt – Garder ses armes en bonnes conditions – Viser un objectif à la fois.«

An der Bar sitzt eine Samariterin in rotweißer Montur hinter einem großen Bier und schluchzt. Ihr ist soeben eine Patientin im Notfallwagen auf der Fahrt in Hospital gestorben.

Döblin. Der deutsche und jüdische Schriftsteller aus Stettin ist auf der Flucht vor den Nazis 1940 hier interniert gewesen, ist hin und her geirrt zwischen Le Puy und Rodez, 100 Kilometer westlich, auf der Suche nach Frau und Sohn, von denen er auf dem Transport getrennt worden war.

In Mende ist er verzweifelt, dann gleichgültig geworden, apathisch, und neuerdings verzweifelt, ein Verlorener, dieser Ahasver und Arzt-Schriftsteller aus Berlin, berühmt und seines Namens beraubt, aus Paris verjagt von der Gestapo, einer von Tausenden mit einem Koffer und ein paar windigen Papieren in der Hand, den Dokumenten, die Rettung versprachen und doch keinem Funktionär genügten, den Papieren, mit denen sie umhergejagt oder aufgenommen oder verfolgt, mit denen sie gerettet oder in den Tod getrieben werden konnten.

Juni 1940.

»Es geschah mir in diesem Sommer 1940, dass ich wie Robinson auf den Strand einer fernen Insel im Weltmeer, so in das Innere Frankreichs verschlagen wurde.«

Einen Koffer trägt er mit sich, einen Koffer, den er in einem Laden deponiert, verliert, wiederfindet, und eine Mappe mit Papieren. Einen schweren Mantel. Viele schleppen in dieser Zeit Koffer, Mantel und Papiere durch Frankreich, ein Elendszug aus Schriftstellern, Intellektuellen, Künstlern, der sich von Nordosten nach Südwesten müht, durch ganz Frankreich und der spanischen Grenze entgegen, auf dem Weg nach Lissabon, einem Schiff, und Amerika.

Am 16. Mai hat er Paris verlassen, den Schreibtisch, nun stößt er in Mende, schäbige Pointe seines Schicksals, auf ein Plakat, das einen Zirkus ankündigt, unwiderruflich letzte Vorstellungen in Mende, und er notiert sie, die Affiche gegenüber an der Chaussee: »16. Mai – Cirkus Büro – der einzige Cirkus ohne Bluff.«

Cirkus Büro? So hat seine Familie seine Schreibstube in Paris genannt.

»Wilde Tagesphantasien«, notiert er. »Die Phantasien rauben mir das Bewusstsein. Ich gehe wie abwesend.« Das jüngst und das längst Vergangene, diese vollständig ungesicherte Gegenwart, Gegenwart als Abwesenheit von Zukunft, enden immer wieder vor diesem Plakat.

»Ich stehe lange und staune das Plakat an ... Hier ist etwas, das um mich weiß. Das Plakat sieht anonym aus, ist es aber nicht. Das Plakat will mir einen Wink geben.«

Himliceks Auto steht auf dem großen Parkplatz gleich unterhalb der Kathedrale. Nach Mende will Himlicek vielleicht einmal wiederkommen, er will ja immer wiederkommen in dem Augenblick, in dem er wegfährt, sich *länger umsehen,* wie er sich sagt.

Vor einer Agence immobilière ist er einen Augenblick stehengeblieben. Immer studieren die flüchtig Reisenden, die Touristen und Passanten, die Eiligen und die Unsteten den Aushang in jenen Schaufenstern, in denen ihnen ein festes Haus angeboten wird. Ein Haus zu nichts anderem, als dass einer einmal bleiben kann.

Himms macht eine Notiz auf der Rückseite seiner Quittung, Drakkar Pub, Place Urban V., 48000 Mende. »Mende Rückzug schönes Haus am Bach (= Lot) 100'000« – nur weiterer windiger Wisch im Wirbel unzähliger Waschzettel, die hinter ihm herwehen.

So alt kann er gar nicht werden, dass er nicht mehr sich verzehrte nach dem Nochnichtgeschauten: nach allem, was hinter der nächsten Wegbiegung wartet.

Enten schwimmen friedlich, anders können Enten nicht schwimmen, auf dem Stadtteich von Sauveterre, einem länglichen, kotbraunen Stück Wasser, zwei Meter tiefer liegend als die Straße. Es ist der letzte erhaltene Teil des mittelalterlichen Stadtgrabens, der den Ort einst ganz umfasst hat. Die anderen Teile sind trockengelegt, begrünt, aber immer noch eingefasst von den alten Mäuerchen. Sie bilden das schützende Karree um ein perfektes Idyll, ein abgelegen verträumtes Städtchen.

Und so waren sie einst gedacht, die Gräben und die dahinter anschließende Befestigung, die vier Tore, wenn auch nicht als Idyll, sondern als eine Trutzburg auf dieser riesigen, sanft gewellten Hochebene des Aveyron, *Bastide Royale en Rouergue.* Philipp der Kühne hat die Bastide 1281 gegründet, Sauveterre – das war eine *Sauveté* und gab fürstlichen Schutz. War nicht »rettendes Land«, wie Himlicek lange gedacht hat, immerhin eine Insel, die Sicherheit versprach. Hatte Mauern, Tore, Hauptstraßen, Gärten mit artesischen Brunnen und einen zentralen Platz, heute *Place des Arcades.* Damals vielleicht 1'500 Einwohner, die zu Beginn des 17. Jahrhunderts durch die Pest auf die Hälfte dezimiert wurden.

1990 zählt man gerade noch 171 Familien im gesamten Kirchensprengel. »Agriculture médiocre«, hat Himliceks *Larousse illustré* herablassend gesagt, als der etwas über den Aveyron wissen wollte, der alte *Larousse,* ein schwerer, am Einband zerschlissener Zeitgenosse seiner Postkarte. »Seigle, avoine, pommes de terre; châtaigniers. Chèvres, moutons. Fabrique d'etoffes et de draps, metallurgie.« Von den Châtaigniers, den Kastanienbäumen, hat er die Früchte auf dem Herweg kilometerweit neben der Straße liegen sehen, auch einmal einen Mann, der sie in einem Sack sammelte. Die berühmten Messer von Laguiole kommen von hier.

Sauveterre schläft, nicht nur an diesem sonnigen Herbstnachmittag, es schläft seit Jahrzehnten, eigentlich Jahrhunderten. Am Nachmittag hört man vielleicht das Schrillen des Schleifsteins aus einer Messerschmiede, ein friedliches Geräusch, abends um sieben ist Ruhe. Vor dem Restaurant *Le Sénéchal* von Michel Truchon, zwei Michelin-Sterne, parken ein paar Autos, aus Rodez oder Albi. Die Enten haben den Kopf im Gefieder. Der Hitzesommer ist auf- und ausgeflogen und hat sich, ein warmes Tuch, über das Mittelmeer nach Afrika zurückgezogen.

Himlicek steht an die Mauerbrüstung gelehnt und schaut

auf die Enten hinab. Sie sind angeschrieben: »Nette Rousse«, »Mandarin Blanc«, »Fuligule Morillon«. Himlicek vermisst den schwarzen Schwan. Ein Kind zeigt mit einem kleinen spitzen Finger ins Schilf. Es zeigt irgendwohin.

Jenseits des Grabens, auf der andern Seite der Straße, steht das Haus. Davor ein Lieferwagen. Zwei Stockwerke hoch, mit zwei Fenstern in der Mitte, steilem Dach, zwei Dachluken. Das Haus, oder Häuschen, steht wie ein dunkler Zahn hinter dem Teich, mit einem Kamin auf dem Dach, eine Kinderzeichnung. Es fehlt nur der Rauch.

Hinter dem geschlossenen Gartentor an der Seite, der graublaue Lack hat schwarzrote Rostplacken, stehen Gartenstühle und Gerümpel, in Töpfen Herbstblumen, die gelben Totenastern. Dort steht aber auch, Himm hat sie verstohlen fotografiert, die Bank. Die Bank von seiner Postkarte, die Bank, auf der der Hund gelegen hat, rot lackiert, steht da im Hof.

Da bist du also, sagt Himm zu dem Klötzchen hinüber. Du bist es, aber du bist nicht mein Café. Nicht mehr. Im Erdgeschoss erkennt er drei gleichmäßige französische Fenster statt der zwei geätzten großen Scheiben mit dem schmalen Eingang in der Mitte. Über die ganze Fassade läuft ein schwerer Balken, Himm weiß, der trug einst einen Namen, drei Wörter, die ihn auf eine weite Reise schickten. Das Haus ist namenlos geworden.

Es dunkelt, im Erdgeschoss geht ein Licht an, französisches Interieur, Japanlampe. Keine Lust, da zu klingeln, keine Neigung, den Mann kennenzulernen. Himlicek steht im Dunkeln und sieht zu dem Licht hin.

Drei Tage später trifft Himlicek den letzten Zeugen. Claude Majolet, neunzig Jahre alt. Trifft ihn zwei Stunden weiter, Montpellier, Place de la République, *Café Riche,* fünfzehn Uhr. Heller Tag, frisch, mit leichtem Nordwind. Majolet ist in Sauveterre im *Café de l'Univers* aufgewachsen, Anfang der dreißiger Jahre. Sitzt Himm mit einem kleinen Café noir gegenüber, wirkt wie siebzig, grinst wie ein Fünfzigjähriger. Mit sechs hat er zusammen mit der Mutter Sauveterre verlassen. Zehn Jahre Fußballtrainer in Draguignan, später Architekt; dunkelblauer, schlank anliegender Pullover, *Roundneck*. Himlicek zeigt seine Postkarte. Majolet lächelt. Ja, diese Landleute. Sie haben sich gegen Abend getroffen, Karten gespielt, ein Glas getrunken, miteinander Quille gespielt. Und sind mit den Hühnern nach Hause gegangen. »Sie wissen nicht, was Quille ist?« Eine Art Bauernkegeln: man wirft mit einem zylindrischen Kegel nach acht oder neun anderen, je nach Spielregel. Happiges Spiel. Aber die Leute dort im Aveyron, das sind keine Zimperliesen. »Ils sont des bosseurs, très rudes.« Menschen einer abgelegenen Gegend. Der Briefträger, der im Bezirk die Runde machte, zwanzig oder mehr Kilometer am Tag, von Hof zu Hof, zu Fuß, und auf jedem Hof gab es einen Schnaps. Habe am Abend jeweils ordentlich einen sitzen gehabt. »Ich erinnere mich, wie mein Freund Georges und ich, dreikäsehoch, jeweils die Gläser ausgetrunken haben, die die Gäste auf den Tischen stehenließen.« Gläser und Flaschen auf einer Ansichtskarte. Es war einmal. Majolet grinst wieder. »Na ja, der Aveyron, damals. C'était le désert.« Soviel er weiß, ist die alte Marmortheke des *Café U* noch immer im Haus, in jenem abendlich erleuchteten Wohnzimmer, dem alten Schankraum, Sauveterre-en-Rouergue, vor der Westmauer, gleich neben der Post. Danke für die Begegnung, Monsieur Majolet. Himlicek sieht ihm nach, wie er sich über den weiten, offenen Platz entfernt, aufrecht und jugendlich, und zwischen den Passanten verschwindet.

Mag die Marmorplatte noch in dem Haus sein, das *Café de l'Univers* ist das nicht. Was hast du erwartet, Himm? Vorbei. Vorüber. Vergangen. Dafür musstest du 1'000 Kilometer durch Frankreich fahren.

Es reut ihn aber nicht, es ist nicht einmal eine Enttäuschung. Es ist eine Freude dabei, das dunkle Haus gegen den Abendhimmel zu sehen, das Klötzchen. Es ist *das* Haus, und ist es nicht. Es ist das Haus, genau hundert Jahre später. Es hat gedauert, der Wechsel auch. Als riesiger Starenschwarm fliegt Himms *Univers,* indem es sich ballt, rasend ausdehnt, verwegen kurvt, sich zusammenzieht und gleich auseinanderfliegt, explodiert und wieder beisammenklebt, einen Klumpen bildet, der sich rasend entfernt, noch einmal auftaucht, aufschießt über den dunklen Horizont, und endgültig abdreht ...

O mein Café de l'Univers, hat Himm, einigermaßen angeheitert von Vin blanc sec und einer halben Flasche Rotem, auf die Rückseite der Rechnung geschrieben. Der Kellner hatte diese, als könnte es sie frieren, zwischen den Falten einer dicken schneeweißen Serviette geborgen und auf einem Teller vor ihn hinlegt. *Le Sénéchal, Michel Truchon, Sauveterre-de-Rouergue,* mit Efeuranken über den Zahlen.

O du meine ewige Fata Morgana,
Schluss jetzt,
ich erkläre dich zum philosophischen Ort,
zu einer dunklen Melodie
meiner fortgesetzten Schwanengesänge
meiner stets und immerfort
unstillbaren Sehnsüchte.

Am Morgen kein Kopfweh, jedoch dringende Aufbruchsgefühle. Monsieur Himlicek zerreißt das teure Hochformat mit dem grünen Efeugerank, wirft es über ein Mäuerchen, zielgenau in den Papierkorb.

Bevor sein Auto das zweisprachige Ortsschild »Sauveterre-en-Rouergue – Salvatèrra de Roergue« hinter sich lässt, fährt er, das lässt er sich nicht nehmen, noch einmal die Straße hinunter, langsam.

Mission accomplie.

Das Haus steht an seinem idyllischen Wassergraben, es

137

steht still und als ob es ein *Café de l'Univers* nie gegeben
hätte. Ein Haus aus dem Märchen vom verlorenen, wieder-
gefundenen und endgültig verlorenen Café. Kein rostiger
Schlüssel öffnet noch einmal die klapprige Glastür, kein
Prinz und kein Investor küsst es wach, das schlafende Haus
im schläfrigen Sauveterre, und für Himlicek zerfällt es zu
Staub, zu Wörtern, zu krausen Lettern.

... *i v e r s*

Jeder hat sein lang erträumtes Gasthaus, *Alte Post, Zum
Frieden, Café de l'Oubli,* seine Taverne, eine Bar, Inn, Pub,
das Ziel einer Reise, das längst zugemacht hat, wenn er endlich kommt, zu spät natürlich, immer nur zu spät. Jeder hat
das nur für ihn bestimmte Café, das ihm niemals begegnet,
weil er es, an anderem Ort in einer anderen Bodega sitzend,
verschlafen hat.

Auch Alfred Döblin, Wochen in Mende festgehalten, fand
den für ihn bestimmten Ort erst, als es endlich weiterging.

»Es ist dunkel geworden«, schreibt er an einem der letzten Abende in Mende in sein Notizbuch. »Aber die Straße ist
lieblich erhellt, und vor uns ist ein freundliches Lokal mit
einer Terrasse aufgebaut, auf der friedliche Menschen sitzen,
trinken und plaudern. Solch Lokal habe ich nie gesehen, obwohl ich doch täglich vorbeikam!

Es ist eine Abendschönheit.

Es ist das sonst so traurige Bistro an der Ecke, dicht vor
der Brücke.

Aber nicht nur das Etablissement hat sich verändert und
sieht wie ein mondänes Vergnügungslokal aus. Auch die
Straße mit den auf und ab wandelnden Menschen macht ei-
nen traumhaft angenehmen Eindruck. Welche Verwandlung.
Als wenn ich aus der Zeit herausgesprungen sei und eine
Reise in eine längst entschwundene Landschaft machte.«

5

Schwinden und Verschallen

──

AUF DEM WEG zu seinem Termin in der Klinik steigt an der gleichen Bushaltestelle ein Mann vor Himlicek aus. Der Mann geht ein paar Schritte vor ihm her, eine kleine Reisetasche in der Hand. Die hat etwas Gepacktes, oder Abgeschlossenes, etwas von Siebensachen, *omnia sua secum portans.* Der Mann selbst gefasst, vielleicht strahlt die gepackte Tasche das auf ihren Menschen aus.

Himm schlendert hinter ihm her.

An der Klinikpforte angekommen öffnen sich lautlos die automatischen Glastüren und schließen sich wieder. Der Mann von vorhin steht vor dem Schalter am Empfang. Himlicek sieht, wie er einige Dokumente aushändigt, andere entgegennimmt, unterschreibt, zurückschiebt, die Kreditkarte hinlegt. »Warten Sie da einen Augenblick«, sagt die Empfangsdame zu dem Mann, indem sie auf eine Sitzgruppe zeigt. »Sie werden hier abgeholt.«

Der bleibt unschlüssig oder ergeben stehen. Himlicek sieht dabei zu, wie sich das Gesundheitswesen mit einem warmen, aber entschiedenen Griff um den anderen schließt. Es ist leicht auszudenken, dass man hier leichter hinein- als wieder herauskommt.

Er geht zu seiner Konsultation. Eine histologische Untersuchung liegt ein paar Tage zurück. Ein Ding wird ihm nun vorgehalten, das soll zu ihm gehören, und doch nicht.

»Anderes Gewebe«, sagt der Urologe, als er den Fotostreifen mit den Ultraschall-Aufnahmen aus seinem Inneren vor ihm auslegt. »Es ist da etwas da: da, auf dem Rand der Prostata.«

Der Arzt macht mit dem Kugelschreiber einen kleinen Kreis um eine Stelle auf seiner Drüse, das heißt ihrem schwarzweiß verschwommenen Abbild. Himm wundert sich über die Sorglosigkeit, mit der der Arzt mit dem teuren Print umgeht. Die Prostata ist *auffällig* geworden. Den deutschen Namen seines Organs, *Vorsteherdrüse,* hat Himlicek seit seiner Kindheit als unanständig empfunden. In dem Wort ist aber etwas, das jetzt wahr wird.

Und nun ist sie doch, oder ist sie endlich, nach vielen negativen Befunden, nach denen man die Existenz dieser Drüse fast vergessen konnte, zu einem örtlich verschobenen Zentrum seines Körpers geworden. Es hebt sich auf dem Fotostreifen, sogar für sein laienhaftes Auge erkennbar, ein ein-zwei-drei Millimeter langes Ding von der dunkleren, homogener erscheinenden Umgebung ab. Ein Dingelchen, ein Würmchen mit einem hellen Ende.

Aber was heißt *Wurm*? Solche Erscheinungen tragen einen anderen Tiernamen, einen, der niemanden freut. Er bezeichnet eine Krankheit, die man gern anderen überlässt.

Anderes Gewebe: ein Ding, das zu ihm gehört, in den Tiefen des Leibes verborgen, ein Unding mehr, das von diesem Leib hervorgebracht worden ist. Und doch nicht ihm gehört, Himm, nicht ganz. Das heißt im Zweifelsfall, und das heißt, wenn der Zweifel durch eine Gewissheit ersetzt würde: ihm gehören würde, ohne dass er darüber eine Verfügung hätte. Im schlimmsten Fall. Ein Fremdkörper, aus Körperstoff.

Das würde dann aus ihm herausmüssen, in eine Operationsschale zum Beispiel, und dann unter das Mikroskop eines Histologen, und in den Eimer.

Ihm zugehörig, ihm nicht zugehörig. Die meisten Dinge

kommen auch ohne ihren Menschen aus. Dieses ganz offenbar nicht. Anders als andere Dinge, die ihm zu gehören scheinen, und ihm nicht unbedingt zu gehören scheinen, also einigermaßen selbständig sind.

Was heißt: seine Uhr? Sie gehört ihm, aber sie gehört ihm nicht an. In seinem *Auftrag* zeigt sie ihm die Zeit an, doch welche Zeit zeigt sie ihm an? Die, die zu ihm gehört, oder ihm »gehört«: *seine* Zeit – oder eine, die den andern gehört, auch wenn er sie mit ihnen teilen kann? Zeit, die auch ohne ihn selbständig abläuft?

Ich ticke auch ohne dich, sagt laut und höhnisch die Uhr. Ich bin deine Unruhe, sagt sie, aber meine Unruhe ist nur ein Rädchen.

Und was ist und wohin gehört der Bleistift, mit dem Himlicek dies notiert? Ihm? Zu ihm? Ihm geliehen, ausgeliehen, und wenn nur ausgeliehen – von wem? Von ihm an ihn selbst, oder von einer Dingwelt, auf die er keinen Einfluss hat, an ihn?

Er beugt sich über das Papier und spürt die Kluft, vorderhand noch ein Klüftchen, das sich zwischen ihm und dem andern Gewebe auftut. Zwischen ihm und dem Ding. Dem Dingelchen. Am besten, sagt er sich, nimmt er den Verdacht gleich für die Gewissheit. Gewiss besser als umgekehrt, indem er den Verdacht nicht ernst nimmt, und der sich dann doch bestätigt.

Es ist also so weit, denkt er. Sie bleibt ihm jetzt nicht mehr erspart, diese Einsicht, und auch nicht die Einsicht in die Einsicht, dass es in einem selbst, wo man am innerlichsten ist, wo kein Licht je hindringt, fremd zu- und hergehen kann.

Alles noch lang im *grünen Bereich,* hat der Arzt gesagt. Ärzte lieben den grünen Bereich. Himlicek will aber kein anderes Gewebe.

Es gibt nun eine Frist. Das weiß er schon lange. Schon aus der frühen Schulzeit. Nachdem er damals schon und lange genug auf das eifrige Vorwärtsrucken des Sekundenzeigers seiner ersten Uhr geschaut hatte, war ihm klar, dass Zeit etwas ist, das vergeht, ja, unwiederbringlich, wie er noch oft genug hören und lesen würde. Also ist seine Zeit nie *seine* Zeit gewesen, eigentlich gar keine *Zeit,* sondern immer nur *Frist.*

Du arbeitest jetzt mit Reserve-Batteriestrom, sagt ihm in diesem Augenblick der Computer, auf dem er das notiert.

Auch du noch!

Gewiss, schreit er, du Idiot! Aber *dich* kann ich jederzeit wieder aufladen.

Capito?

———————————————————————————————

LINA IST SCHWACH GEWORDEN. Ein Schlaganfall hat sie gebrechlich gemacht. Allein ihr Wille halte sie noch aufrecht, sagt sie zu Himm, wenn Kaspar nicht zuhört.

Das sah man.

Kaspar und Lina saßen am Tisch und aßen Käse, der aus einer kleinen Molkerei kam. Der Käse sei zu rezent, meinte Lina. Und sie sagte, Kaspar solle dem Käser ausrichten, dass er das in Zukunft anders machen müsse.

Je schwächer Lina wurde, umso mehr wusste sie nun Bescheid. Ihre Schwäche trug sie wie ein kostbares Kästchen aus dem Morgenland auf ihren Händen vor sich her.

Wenn ihr Mann am Morgen das Haus verließ, um die nötigen Besorgungen zu machen, fragte sie nicht, wann er wieder heimkomme. Sie sagte: Wann muss ich anfangen, mir Sorgen zu machen?

Sie würde sich am gescheitesten umbringen. Das sagte sie eines Tages, als Kaspar, der nun den Haushalt besorgte, eine Tasse fallen ließ.

Dass sie sich am besten umbringen würde, war von da an ihr ständiges Reden. Sie falle allen nur noch zur Last. Das sagte sie, als würde ihr Mann sich zu wenig um sie kümmern. Sie fesselte ihren Mann mit Vorwürfen. Nun gehörte er ihr mit Haut und Haar.

Kaspar sagte zu Himm: Hätte ich sie bloß schon vor fünfzehn Jahren totgeschlagen – dann wäre ich jetzt wegen guter Führung seit mindestens acht Jahren wieder auf freiem Fuß. Aber so war Kaspar gar nicht. Er war ein sanfter Mann, den Satz hatte er von einem anderen gehört. Er zitierte einen anderen, weil er selbst keinen besseren Ausdruck fand.

Lina starb eines natürlichen Todes.

Vor Abschieden sind wir wehrlos, es mag vorher gewesen sein, wie es will. Trauer ist Trauer. Mitunter gibt es ein unverhofftes Wiedersehen, aber nicht immer eines wie bei Johann Peter Hebel, wo eine alte Frau den ehemaligen Bräutigam wiedersieht, der damals bei einem Grubenunglück umkam, wohl erhalten, also als Jüngling. Hier ist kein Wunder dabei.

Kaspar hat nun die Aufgabe, sich in seinem Witwerstand einzurichten. Er tut es nicht einmal unvergnügt. Er benutzt die Pfannen, mit denen Lina hantiert hat, und die Regenbogenkarte, mit der sie in die Stadt gefahren ist am Donnerstagnachmittag. Denn Lina liebte den Abendverkauf.

Als Kaspar zum ersten Mal den Speiseschrank öffnet, findet er unter dem Zuckerpaket einen Zettel: »Wenn dieser Zucker zur Hälfte aufgebraucht ist, dann neuen besorgen. Lina.«

Einen ähnlichen Zettel findet er später in der Glasdose mit den Nudeln. Lina hat vorgesorgt, Lina, die Gute. Aber, denkt Kaspar gleichwohl, er, der jeden Samstag mit ihr zum Einkaufen in den Coop gegangen ist: er hätte eines solchen Hinweises nicht bedurft.

Als er nach zwei Wochen alle Hemden getragen hat, die in einem ordentlichen Stapel in der Kommode lagen, sucht er nach dem Waschküchenschlüssel. In der Küchenschublade liegt er, mitsamt einem Zettel: »Waschküche nach Gebrauch immer sofort saubermachen. Waschmittel ersetzen. Hältst du dich gut, Kaspar? Lina.«

Kaspar zerknüllt den Zettel in der Faust. Dann streicht er ihn glatt und legt ihn wieder in die Schublade. Die Hemden bringt er in die Wäscherei.

Kaspar hat Zeit. Die Zeitung reicht nicht einmal für einen halben Vormittag, Inserate eingeschlossen. Beim Staubwischen dreht er Linas Foto gegen die Wand, um Platz zu machen, dann lässt er es so stehen. Später fällt sein Blick auf die Rückseite, Lina hat eine Notiz daraufgekritzelt: »Lina, 1973. Später haben wir kein Foto mehr gemacht. Warum? Lina.«

Kaspar sieht man nun oft in der »Blumenau«, im »Hornegg«, im »Frohsinn« und manchmal sogar im »Schlüssel«. Kein Trinker, nein, auch wenn nun, wenn er nach Hause kommt, ihn niemand mehr fragt, wie viele Biere es wieder gewesen seien.

Für die Abendausgabe der Tagesschau sitzt er vor dem Fernseher. Ein Bericht über Andalusien gefällt ihm. Als er nach dem Pass sucht, fällt ein Zettel aus dem roten Büchlein mit dem Schweizerkreuz.

»Kaspar – wo gehst du hin ohne mich? Lina.«

Kaspar legt den Pass langsam zurück. Dann stößt er vorsichtig die Schublade zu, bis er den Widerstand am Anschlag spürt. Und dreht den Schlüssel. Dann dreht er sich um, und hätte Himlicek angeschaut, wenn der dort gewesen wäre.

————————————————————————

Liebe Sophie-Charlotte,

habe ich Dir eigentlich einmal von den Zausers erzählt? Von Karl, der damals, wie die meisten aus meiner Sippe, ein Artist gewesen ist? Von Marianne, seiner Schwester, die ein Talent für die Poesie hatte, und eines für das Unglück? Von Therese, die eine Vorarlberger Resi war und zu einer *Belle*

Judith wurde, bevor auch sie von der Verfolgung eingeholt wurde, und noch ganz anders als Marianne?

Die Zausers waren den Himliceks beruflich verbunden. Möglicherweise sind sie auch einmal zusammen aufgetreten, der Zauser Karl und mein Dědeček, in Vorarlberg, in der Tschechoslowakei oder im Deutschen Reich, in einer der zahlreichen Formationen, in denen die reisenden Künstler, stets in veränderter Zusammensetzung, zusammenarbeiteten. Eine einzelne Familie ist kaum je in der Lage, eine komplizierte Trapez-Nummer zu stemmen. Nur die Hochmastartisten können einzeln und dürfen einsam sein. Item. Wegen diesen bin ich kürzlich nach Feldkirch in Vorarlberg gefahren.

Ich wollte mehr über die Kunst und die Inspiration der Hochmastartisten wissen, meine Familien-Akrobaten, über die übrigens so wenig zu erfahren ist, dass ich bald glaube, ich hätte sie erfunden.

Es gibt in Feldkirch einen älteren Herrn, Häfele sein Name, Reinhard Häfele, einen freundlichen Mann, der außer Uhren und Grammophonen auch Erinnerungen sammelt, besonders solche an unsere fragile Sippschaft, die Circus-Leute. Ich hatte ihn über eine Bekannte am Bregenzer Landesmuseum gefunden.

Ich wollte ihn befragen über mein Plusquamperfekt, das Es-war-einmal meiner Sippe, die künstlerische Vergangenheit der Himliceks.

Schon am Telefon hatte Herr Häfele meine Erwartungen gedämpft. Und so war es dann in Feldkirch: Er wusste wenig über die Hochmastartisten, oder, um die Wahrheit zu sagen: darüber wusste er gar nichts.

Aber er wusste alles über die Familie Zauser. Häfele war ein Kind, als er in die Wohnung von Marianne und Karl kam, nur wenn Karl nicht da war, wie er betonte. Ich komme noch dazu.

Er hat nach dem Tod von Marianne gesammelt, was von

der Familie Zauser nach dem Krieg übriggeblieben war und bei Marianne überlebt hatte.

Von Resis Grammophon bis zu ihrem löchrigen afrikanischen Ozelotmantel, von ihren Souvenirs, den getrockneten Schlangen bis zu Buddha-Statuen unter Glas. Das Koffer-Grammophon, das er ergattert hat, ein *Stradiola* vom Ende der zwanziger Jahre, deutsches Erzeugnis trotz des klingenden Namens, ein Opel musste später auch *Ascona* heißen. Das Koffergerät hat für Häfele den Anfang einer beträchtlichen Phonographensammlung gemacht, und es steht erhöht in seiner permanenten Ausstellung. Gegen den hochgeklappten Deckel gelehnt ist ein Foto von Therese Zauser, einem hübschen Fräulein, einer Soubrette mit keck aufgesetztem Hütchen, mit einem Dreißiger-Jahre-Gesichtchen, das dich unter dunkel geschminkten Augenbrauen mit Kulleraugen anblickt und mit Kussmündchen verführen möchte.

Ein frühes Familienfoto, etwa von 1915, ich schließe das von dem kleinen Mädchen auf dem Bild, Therese. Resi scheint da etwa fünf Jahre alt zu sein. Das Foto zeigt die Eltern Zauser mit ihren drei Kindern, mit Marianne, der Ältesten, Karl, dem jüngeren Bruder im Sonntagsanzug, und Therese, dem Nesthäkchen, Schleife im Haar. Sie durfte ihren Teddy auf das feierliche Familienfoto mitbringen. Die Mutter, sie war Zitherlehrerin, zeigt eine eher mürrische Miene; hat der Fotograf mit dem Magnesiumblitz zu lange gezögert? Der Vater hingegen, als Fischereiaufseher der k. u. k. Monarchie in Uniform, ordensbehängt, die gefalteten Handschuhe am Degen, schaut verschmitzt und vergnügt. Du musst Dir in Erinnerung rufen, Sophie-Charlotte, die österreichische Monarchie regierte bis 1918 von Bregenz bis nach Galizien.

Die Tochter Marianne heiratet 1920 den Juristen Robert Weiss. Zunächst als Beamter in Stellung, wird Robert, obwohl »national gesinnt«, wie es heißt, im Zug der Nazi-Justizreform von 1934 abgebaut. Am 11. März 1938 hisst die

NSDAP die Hakenkreuzfahne auf dem Feldkirchner Stadt-
haus. Als Jude und Kommunist verleumdet und denunziert,
wird Robert Weiss den Behörden vorgeführt, nach Innsbruck
versetzt, wird krank, in eine Klinik eingewiesen, später als
sogenannter Neuropath in die Nervenheilanstalt Hall eingeschlossen. Depressionen, Ekzeme.

Die deutschen Truppen erreichen die Wolga bei Stalingrad.

Karl Zauser ist derweil Artist geworden. Er habe das
»hart erarbeitet«, sagt mein Feldkirchner Gewährsmann.
Wer je einem Artisten beim Training zugesehen hat, wird
den Unterschied zwischen einem Fußgänger und einem Seiltänzer ohne weiteres ermessen.

Zauser arbeitet in verschiedenen Formationen, von den
»4 Harinos« hat Häfele noch ein Plakat. Er macht Karriere
im Deutschen Reich. Ein Höhepunkt seiner Laufbahn scheint
seine Mitwirkung im UFA-Film *Schatten der Manege* gewesen zu sein, in dem er den Hauptdarsteller auf dem Hochseil
doubelte. Das heißt, eigentlich hat dieser, der Schauspieler,
den Zauser Karl am Boden vertreten.

Lass uns diese Erfolge – Ruch der Manege, Sägemehl,
Zirkuskuppel, Tusch, Licht auf Zauser, rauschender Applaus – im Augenblick ihres Höhepunktes mal feiern, liebe
Sophie, lassen wir Karl im Licht der Scheinwerfer einen
langen Augenblick lang dastehen. Ein strammer Mann, das
Satinleibchen tief dekolletiert, den Blick triumphal erho-
ben – eine einzige Linie vom gereckten Kinn über die bolz-
gerade Nase, die leicht fliehende Stirn bis über die nach
hinten straffgekämmte Glanzfrisur. Interessant, Sophie,
Häfeles zeitgenössisches Foto: Du glaubst, in diesem Tor-
pedo-Gesicht, in diesem Riefenstahl-Blick seine artistische
Unbedingtheitsgewissheit wie auch das zeitgeiststimmige
Siegerlächeln zu erkennen. Na ja –

Therese, die *Resi,* die kleine Schwester, rückt nach, will nun
auch ins Licht. Sie lernt Tanz und Artistik. Auch sie will

aus diesem grauen Feldkirch heraus. Vor-Arlberg ist ja, von Wien aus gesehen, doch eher Hinter-Arlberg.

Therese Zauser, knapp zwanzig, wird eine Fahrende, eine Glamourfigur, eine Unterhaltungskünstlerin, eine kleine Diva, *La belle Judith – Danseuse,* im Kabarett, zunächst im deutschen.

Rotlicht, Tango, Sekt. Die Herrchen mit ihren Gänseschmalzfrisuren. Foxtrott, Quickstepp, Rumba. Fetzige Musik, freche Song-Texte: »Der Neger hat sein Kind gebissen.« Das Dritte Reich feiert auf seiner Innenseite den Schmelz der Zeit – »So lang nicht die Hose am Kronleuchter hängt«.

Glitzernde Kristallkugeln, es ist aus mit dem Nesthäkchen-Wesen, auch Resi tanzt auf der Schau-Bühne, im Nachtklub, den man sich nicht genug plüschig-samtig vorstellen darf. Die Nation der Schlächter ist innen komfortabel gepolstert, bleibt spießig und treudeutsch und schlägt zu Hause mit Schlagern um sich: »Es hat die Witwe Zickenzahn / ein Bierlokal / mit Kegelbahn.«

Die Hitlerei hat auch dieses Gesicht, das weißt Du natürlich: ist nicht nur Abgrund, sondern zugleich der Tanz über ihm.

Resi scheint den Beruf geliebt zu haben, sie ist, wie man so sagt, »in ihm aufgegangen«. Nur zu wahr wird die Redewendung werden. Kein »leichtes Mädchen«, keine Animierdame, wie man das heute verstehen würde. Eine Kokotte, eine Künstlerin der leichten Muse, das Epitheton »entzückend« muss her – o paillettenglimmernde Welt des Varietés, o Welt der Parfums und der Moden.

Zunächst *Reichenberg, Budweis, Braunau am Inn.* »Jetzt bin ich auf Reisen«, schreibt sie nach Hause, ihre Erleichterung ist fast hörbar. »Ich bin zufrieden. Und drei neue schöne schwarze Abendkleider habe ich mir auch machen lassen.« Mit 22, etwa 1930, hat sie ihr erstes Engagement in Tschechien angetreten, in Reichenberg. Dann Budweis, danach Braunau – ja Sophie, Hitlers Braunau am Inn. Sie ist

Tänzerin in der *Wein- und Tanzdiele Rohm* – von wo sie aber wieder *nichts wie weg* möchte. »Tun Sie Ihr Möglichstes«, schreibt sie ihrem Impresario, »dass ich früher abreisen kann.« Sie habe ja nicht wissen können, »was für eine traurige Angelegenheit Braunau ist. Ich kann Ihnen gar nicht sagen, wie mich diese Dummheit reut.« Er könne sie auch nach China schicken – »nur raus«, schreibt sie, »raus aus diesem elenden, stieren Österreich«.

Sicher war sie eine geborene Fahrende, eine ferne Nachfahrin von Goethes Schauspieltruppe im *Wilhelm Meister*, zugleich zaubervolle Philine, »die wahre Eva«, wie es dort heißt, und die durchsichtig-verschwebende Mignon, »das wunderbare Kind«, das Wilhelm einem Seiltänzer abkauft. Eine Resi, die immer wissen will, »was hinter der nächsten Wegbiegung kommt«, Stupsnäschen voraus.

Istanbul, Port Said, Casablanca, schließlich *Lissabon.* Die Türkei zunächst, das Tor zum Orient, das sich hinter dem Bosporus als Märchenwelt auftut. Wenn man es durchschreitet, kann man ein Prinzesschen werden, eine Abendschönheit. »Ich reise sehr gerne in der Welt herum«, schreibt sie in die Kleinstadt zurück. »Ich erlebe viel Luxus, Pracht und Herrlichkeit.«

Sie tanzt in Port Said, im *Dancing.* Stell Dir vor: draußen Sand, Palmen, schmaler Halbmond, würzig-milde Luft, das Meer. Sie tanzt von abends halb zehn bis zwei Uhr morgens, das findet sie nicht anstrengend. Zweimal in der Woche ist auch Fünfuhrtee und Tanz. »Im Geschäft habe ich ein bisschen Glück ... aber in der Liebe überhaupt nicht«, schreibt sie an die Schwester Marianne, ohne Bitternis. »Was nicht ist, kann noch werden – schöne Grüße an Papa und Mama.«

Le Florida – Dancing – Attractions. In Casablanca das *Bagatelle,* in Alexandria das *Femina Dancing,* dreißiger Jahre. Während in Deutschland die SS marschiert, ist es am Mittelmeer international, attraktiv und konspirativ. Also alles, was wir aus *Casablanca* kennen, nicht wahr? Der Nightclub heißt *The Volcano* – sein Angebot »Eccentric and Classical Dancers ...«.

1934, 1935, 1936, 1937, 1938.

Dollfuß, der österreichische Kanzler, wird ermordet, die Nazis kommen an die Macht, Anschluss Österreichs ans Deutsche Reich. Die Wende.

1938 schreibt Resi nach Feldkirch: »Liebe Marianne, Du kannst Dir gar nicht vorstellen, wie ich Afrika geliebt habe, als Land. Doch seit ich deutsch geworden bin, habe ich nichts mehr zu lachen im Ausland.«

Schließlich Lissabon. Die Hauptstadt Portugals, seit 1926 unter der Fuchtel des Diktators Salazar, der bis 1974 an der Macht bleiben sollte, bis ihn die »Nelkenrevolution« endlich hinwegfegte, Lissabon war offiziell »neutral«, in Wirklichkeit pro-faschistisch-chaotisch. Als eine Art offene Stadt war es das Mekka aller Geheimdienste, und nach der Besetzung Frankreichs das letzte Scharnier zwischen der freien Welt – England, den USA – und dem rundum totalitär gewordenen Europa: Franco, Hitler, Mussolini, Tito, Stalin.

Lissabon war nun in doppeltem Sinn Hafenstadt geworden: für die Dampfer, auf denen Abertausende von Flüchtlingen und Displaced Persons sich in Sicherheit zu bringen versuchten, und Hafen für eine internationale Gesellschaft von Spitzeln, Abenteurern, Flüchtlingen und Profiteuren. Und Ämtern, von denen das eine dem andern gern mal einen Gefallen tat.

Auch Resi, in Lissabon auf Engagement, möchte noch einmal *nichts wie weg*. Ende Juli 1939 schreibt das Austrian Girl einen verzweifelt-unterwürfigen Brief an die Manager von Warner Brothers, London, England. »I shall be grateful if you can arrange for me an arrangement in your house studio. I am 28 years old. I speak fluently French, English and German. Please find anything for me.«

Anything. Was sie bekommt, ist eine Absage.

Im Oktober 1940 wird sie aus Lissabon polizeilich ausgewiesen. »Weil ich in einer Bar einen Zusammenstoß gehabt habe.« Zusammenstoß? Eine Denunziation? Liebes-Verrat?

Inzwischen hat sie sich nämlich glücklich-unglücklich verliebt. Als sie in Haft sitzt, schreibt sie dem Liebsten. »Mon amour – beaucoup de temps a passé, et je n'ai pas eû la joie de vous voir. Während der ganzen Zeit habe ich nur an Sie gedacht, nur an Sie. Ich habe Portugal sehr geliebt. Während eines ganzen Jahres lebte ich nur bei mir zu Hause. Ich habe nur für Sie gelebt, nur auf Sie gewartet. Ich habe nicht mehr so viel gearbeitet wie früher, und vielleicht etwas zu viel getrunken, manchmal. Erinnern Sie sich an die Abende und das Zusammensein auf meinem Zimmer? Und dann, unsere Liebesnächte, wo Sie mir viel Freude schenkten, bis in mein Innerstes? Schade, dass das Gefängnis nun das Letzte ist, was ich von Portugal sehe.«

Das Geld für die Rückreise muss ihr das deutsche Konsulat vorstrecken, Resi ist pleite. Dass Geld wird sie zurückerstatten müssen. Im Oktober 1940 wird sie endgültig aus Portugal ausgewiesen.

Merkwürdig, Sophie-Charlotte, dass mir bei dieser Recherche auch Döblin wieder begegnet ist, Alfred Döblin, der große deutsche Schriftsteller auf seiner Flucht durch Frankreich und Spanien. Ich hatte ihn auf einer Reise durch Südwestfrankreich schon angetroffen, wo er Wochen in einem Lager verbracht hatte. Ich bin da auf einer ganz anderen Spur gewesen. Jetzt sah ich ihn wieder, in diesem Fluchtpunkt Lissabon, Station auf der Lebensreise der Tänzerin Therese Zauser. Ihre Wege kreuzten sich, nur fuhr jeder in eine andere Richtung.

Während Resi im Gefängnis saß, im September 1940, kam Döblin, zusammen mit seiner Frau und einem Sohn, endlich zu einem Ausreisevisum. Die peinvollen Details erspare ich

Dir, Sophie. Du kannst, wenn Du willst, alles in der ausgezeichneten Biographie von Wilfried F. Schoeller nachlesen. Nein, ich schicke dir von den entsprechenden Seiten eine Fotokopie. Die Döblins besteigen am 3. September die »Nea Hellas«, den Dampfer, der sie mit sechshundert anderen Passagieren nach New York bringen wird – und die Resi hätte ihnen beim Auslaufen aus ihrer Zelle zusehen können, wenn ihr vergittertes Fenster auf den Hafen geschaut hätte.

Es sind letzte Lichter, die sich da mit einem solchen Dampfer entfernen, liebe Sophie, so wie umgekehrt die Schiffspassagiere von den Lichtern Europas Abschied nehmen, ein Abschied, von dem sie nicht wissen können, ob er endgültig ist. Vom Ufer des Tejo leuchtet die Illumination der damaligen Weltausstellung zu dem Schiff hinüber, das langsam flussabwärts gleitet. »In der Dunkelheit setzte sich das Schiff in Bewegung«, schreibt Döblin in der *Schicksalsreise*. »Langsam wurde es gedreht und auf den Tejo hinausgeschleppt. Märchenhaft strahlte die Ausstellung herüber. Ihr zauberhaftes Licht war das Letzte, was wir von Europa sahen, in Trauer versenkt.«

Schreibt Döblin bewusst »versenkt«, anstatt »versunken«?

Die Resi wird auf einen anderen Weg gebracht. *Saarbrücken, Stuttgart, Wilhelmshaven, Hamburg.* Lissabon und das Gefängnis sind erst der Beginn von Resis Reise in die Nacht. 1941 ist sie in Saarbrücken. Aus Berlin mahnt das Auswärtige Amt die Reisekosten an, gnadenlos. 239 Reichsmark, 30 Reichspfennig entsprechend den 2'392 Escudos. Das Amt bittet um Mitteilung, wann Frau Zauser ihrer Verpflichtung nachkommen wird, »Zahlkarte liegt bei«.

Therese, abgebrannt, bewirbt sich beim Heereskommando um einen Kriegseinsatz, »als Dolmetscherin oder sonst«. Wenn möglich an der nordafrikanischen Front – sie spreche und schreibe doch Französisch und Englisch. Gezeichnet: »Therese Zauser, Heil Hitler!« PS: »Mein Vater hat auch eine

Auszeichnung erhalten von Reichsführer Adolf Hitler für das verdienstvolle Wirken auf dem Gebiete der Fischerei in Vorarlberg.«

Es ist Winter geworden in Stalingrad.

In Wilhelmshaven wird Resi von der Gestapo verhaftet. Sie hat »in einem sinnlosen Schwips«, wie sie der Mutter schreibt, nur das ausgesprochen, was viele denken: die Briten würden den Krieg gewinnen. Und dazu noch: sie möchte nicht in eine Munitionsfabrik gebracht werden. Vier aufmerksame Volksgenossen zeigen sie an.

Gefängnis.

Eiskalt schreibt die Mutter aus dem klammen Feldkirch an ihre Tochter: »In Zukunft betrinke dich nicht mehr.«

Diese antwortet nach Vorarlberg: »Hoffe, liebe Eltern, meine Unglückslage wird nicht allzu lange dauern. Vor Herzschmerzen kann ich nichts essen. Manchmal ist hier auch Fliegeralarm, und mir ist bange ums Herz. Mit treudeutschem Gruß.« Ihr Brief kommt aus dem Polizeigefängnis Hamburg-Hütten.

Dann wird Therese Zauser nach Ravensbrück überstellt, ins Frauenkonzentrationslager, Häftlingsnummer 8159/5535, Block drei. Im Dezember 1941 schickt sie ein paar Sachen nach Feldkirch, an den Vater. »Gebe bitte gut Acht auf meine Sachen …« – wohl auf das Reise-Grammophon, den Ozelotmantel und ihre übrigen, auf der Polizeistation in Wilhelmshaven zurückgebliebenen Siebensachen.

Den Tod vor Augen, denkt sie sich noch einmal nach Feldkirch zurück. »Schischuhe sind auch noch zu Hause, von mir«, schreibt sie.

1942 wird Marianne in Feldkirch zur Gestapo beordert; sie soll für ihren todkranken Mann Robert einen Ariernachweis beibringen. Ganz nebenbei teilt man ihr den Tod ihrer Schwester Therese mit. Sie ist schon acht Tage früher eingeäschert worden. Marianne soll es schonend dem herzkranken Vater mitteilen. Das versteht die Gestapo als Privileg.

Der Vater stirbt an einem Gehirnschlag. In Feldkirch wird Marianne die Wohnung gekündigt, sie ist von Volksgenossen denunziert worden. Robert Weiss nimmt eine Überdosis Opium und stirbt an den Komplikationen seiner vielen Leiden, psychischen und physischen, seinen Ekzemen, Geschwüren, als Psychopath aufgegeben.

Karl aber, der Seiltänzer Karl Zauser, um nun endlich zu ihm zurückzufinden, kommt sieben Monate nach Kriegsende wieder nach Hause. Zweieinhalb Jahre war er nicht mehr auf Heimaturlaub gewesen. Mit dem Krieg ist es aus, mit der Karriere auch. Der einst erfolgreiche Artist ist erst vierzig Jahre alt. Es heißt, er sei dann als Clown bei Kindergeburtstagen aufgetreten, auch als Zauberer – dies sind, unwiderruflich, Zausers letzte Vorstellungen. Er wird zum Trinker, ein verbitterter Mann, ein Wrack. »Er war zum Fürchten«, sagt Häfele. »Oft war er total besoffen, tobte im Haus – wenn wir Kinder ihm begegneten, hatten wir immer schreckliche Angst vor ihm. Ich habe Marianne in ihrer gemeinsamen Wohnung immer nur aufgesucht, wenn der Karl nicht da war. An Weihnachten war es am schlimmsten, da hat er geschrien und Geschirr zertrümmert.«

Karl Zauser stirbt 1967, an Lungenkrebs, zuletzt mit einer Kanüle im Hals. Die Schwester Marianne lebt bis 1982, »ein gebücktes Weiblein mit schneeweißen Haaren«. Hie und da schreibt sie ein trauriges Gedicht.

Das Landesmuseum in Bregenz, Sophie-Charlotte, bewahrt noch Zausers Schlarpen, seine leinenen Seiltänzerschühchen, und die Kreide, mit der man sich die Hände einrieb und die Schuhsohlen, ausgestellt in einem properen Plexiglaskasten. Da liegen auch ein paar Gerüststangen nebst einigen Spannseilen für das Trapez, und ein langer schmaler Kasten dazu. Weiße Schrift auf eingedunkeltem Holzgrund: »K. Zauser – Artisten-Gepäck«. Die Geschichte seiner Schwester Resi hat der ORF in einer Hörfolge vor ein

paar Jahren aufgearbeitet, Karls Geschichte bleibt unge-
schrieben.

Ja, Sophie-Charlotte, so gehört dann alles zusammen: die
frühen dreißiger Jahre und die innige Süße des deutschen
Tango, die flotten, feschen Herrchen und das Schwarzkopf-
Blond der deutschen Mädchen, die Grammophone mit den
Schellackplatten, auf denen sich das Wort ODEON mit seinem
Logo, einem Musentempel auf tiefblauem Grund, im Kreise
dreht, 78 Mal in der Minute. Schnelle Tempi, flotter Takt:
»Ich bin so scharf auf Erika / Wie Columbus auf Amerika.«
    »Nur für Deutschland« steht auf der kreisenden schwar-
zen Scheibe.

Es gab letzte Lücken im System, und zu den inneren Widersprüchen des Reichs gehörten die Androgynen, die ge-
schniegelten Grosz- und Kirchner-Figuren ebenso wie die
Ledermänner. Es gehörten die großen Berliner Jahre dazu,
der unschuldige Fieseler Storch ebenso wie das Geheul der
Stukas und der Aufmarsch der Nazis. Das Kackbraun der
Uniformen, der bürokratische Ingrimm der Verfolgung bis
hin zu den deutschen Zahnärzten, die den toten, und manchmal auch den lebenden Häftlingen das Zahngold entrissen.

Je älter ich werde – es wird mir immer mehr zum Rätsel,
Sophie-Charlotte, wie gutgläubig wir unsere Sache an die
sogenannten Politiker delegieren. Warum überhaupt? Es
geht, sagt man, um ein Stellvertreterprinzip. Aber sie vertreten uns nicht, sie vertreten nur sich. Sie sind nicht die »red-
lichen Makler«, als die sie sich in den Talkshows darstellen.
In dem Augenblick, in dem sie ein Amt haben, geht es ihnen
nicht mehr um die Sache, unsere Sache, nur um ihr Amt und
ihr Fortkommen. Politiker sind jederzeit brandgefährlich,
allesamt. Sie entscheiden, wir baden es aus.

Siehst Du sie vor Dir, auf ihren »Gipfeln«? Mir wären
überschaubare Täler lieber. Durch ihre Kultur definierte
Regionen. Und auf jeden Fall: kleine Länder, wie noch im

18. Jahrhundert. Keine Weltausstellungen, nur einfache Tanzböden, so wie sie bei uns einmal für eine regional verankerte Landesausstellung vorgeschlagen wurden.

Die Nachkriegszeit, die Hitlerei hat in gewissem Sinne nie aufgehört. Hör gut zu: Der oberste SS-Dentist, Hugo Blaschke, Hitlers »Leibzahnarzt«, der die Verantwortung für die gesamten »Zahnstationen« in den KZs trug und für den »Zahngoldraub« insgesamt, wurde 1948 als »Mitläufer« entnazifiziert, sorglich persilgespült, worauf er sich wieder als Zahnarzt niederließ, in Nürnberg, *in Nürnberg,* Sophie-Charlotte, dieses Monstrum, unverdrossen niederließ samt seinem von Hitler verliehenen und dreistestens weiter getragenen Professorentitel.

Kein Land in Europa, zugegeben, hat sich so bemüht, aufzuräumen, wie diese Nachkriegs-Bundesrepublik, aber solche Verbrechen sind nicht in ein oder zwei Generationen wieder auf eine durchschnittliche Moralität einzuebnen.

Ich halte es mit Gumbrecht, Hans Ulrich Gumbrecht, den ich gern bei Huber&Leon gehabt hätte – aber gegen Suhrkamp war natürlich kein Kraut gewachsen. Item, Gumbrecht hat eine bemerkenswerte Theorie aufgestellt: Wir lebten, siebzig Jahre nach Kriegsende, immer noch in einem Bereich der *Latenz,* nämlich des Unbereinigten, Unaufgeräumten, Unerledigten aus jenem Damals, einer jüngsten Vergangenheit, die uns nachhängt – und uns prägt. Bis in den Alltag, bis in unsere Träume. Das gilt gewiss für alle, die die deutsche Sprache sprechen.

Um das zu erkennen, Sophie-Charlotte, brauchst Du nicht einmal eine Theorie. Es genügt, dass Du ins Kino gehst, Fernsehen schaust oder Bücher liest. Jeder zweite deutsche Autor hat plötzlich eine jüdische Großmutter, das Fernsehen lebt immer noch vom Krieg, der Niederlage und der Nachkriegszeit, es lebt auf eine romantische, nämlich episch unverdrossene Weise davon. Das Kino feiert den Untergang, und es ist nicht zu sehen, ob Genugtuung über das Ende überwiegt oder das Behagen, mit dem es erzählt werden kann.

Man mag sagen, wir, unsere zwei, drei Generationen, hätten die friedlichste Zeit aller Zeiten erlebt – es stimmt aber nicht. Es stimmt ja nicht zusammen mit dem, was wir in unserer Lebenszeit in der *Welt* erlebt haben, und es stimmt nicht nach unserem eigenen Gefühl. In unserer Jugend hat uns der Atomkrieg geblüht, und jetzt ein noch vollständigerer Untergang. Wir sind eingeklemmt zwischen wechselnden Verhängnissen.

Was stimmt, auch wenn Du noch nicht UNO-Generalsekretärin geworden bist und vielleicht auch nicht mehr werden wirst – alle Ziele, die Du Dir sonst gesteckt hast, hast Du erreichen können. Aber auch Du wirst unten am Battery Park stehen, wenn die Südsee versunken ist und auch bei Euch das Wasser kommt. Ich, zehn Jahre älter, komme wohl noch davon. Oder muss auch ich am Ende noch auf einen Hochmast klettern?

Wir alle müssen uns unsere eigenen Flöße bauen. Wagen, Karren, unsere rollenden Laufgitter, das, was uns erlaubt, beweglich zu bleiben, erlaubt, uns immer wieder auf-, davon- und weitermachen zu können. War es Pascal, der gesagt hat, alles Elend der Welt komme daher, weil niemand es in seinem Zimmer aushalte? Das ist von gestern. Heute hält es niemand mehr in seinem Zimmer aus, weil ihn auch dort das Elend der Welt einholt. Es gibt keine Zimmer mehr, aus denen du die Welt aussperren kannst, und die Welt vor dir.

Ich bin nicht in die Afrika-Hilfe gegangen, und Du hast Dich nicht in Liberia gegen das Ebola gewehrt. Vielleicht wussten wir, dass das Vorbild Albert Schweitzer – den wir lächerlich gemacht haben als den im Urwaldregen Harmonium spielenden Schnauzbart aus dem Elsass –, dass das Prinzip Lambarene, also die eigene *Tat,* der einzige Weg gewesen wäre, den Widersprüchen unserer Politik zu entkommen: da fordert sie Toleranz, Mitleid, Solidarität – dort aber behütete Grenzen, unsere unverletzliche Identität und unseren Wohlstand. Der Gegensatz zwischen Theorie und Praxis, Sophie, ist zu groß.

Unsere Zimmer haben keine Türen mehr. Es ist wieder so weit, dass wir uns nun auch vor euch fürchten müssen, vor euch dort drüben, die ihr die Welt nicht kennt, die ihr beherrschen möchtet, fürchten vor dem Großen Weißen Satan in Washington. Es ist wieder so weit – um Malcolm Lowry zu paraphrasieren –, dass wir heute an einem Abgrund stehen, aber morgen vielleicht einen Schritt weiter sind. Manchmal verstehe ich wirklich nicht, warum Du noch dortbleibst. Weil die Welt insgesamt ein Gefängnis geworden ist, aus dem man nicht entrinnt?

However – jedenfalls unabänderlich herzlich,

Dein H.

————————————————————————

NACH DEM NAMEN DER FRAU war nicht zu fragen. Über der Tür stand, in dunkelgrauer Schrift über dem hellblau zugemalten Oberlicht, *Lavanderia Elis*. Elis, wie Elysium? Immerhin war dieser Waschsalon an der *Via della Purificazione*. Damit konnte in diesem Rom auch das Fegefeuer gemeint sein, die gründlichste aller Reinigungen.

Die Frau im Laden hatte natürlich einen Namen, war eine Signora Fiume oder Tevere oder Flusso. Oder wie heißt man in Rom, wenn man kein Aldobrandini, kein Falconieri, kein Borghese ist? Nun, ein *Signora* genügt hier, buongiorno Signora, arrivederci Signora. Im Deutschen musst du jederzeit beweisen können, dass du den Namen noch weißt: Grüß Gott, Frau Leibundgut. Der Verkehr mit einer Wäscherei in Rom kann freundlich sein, auch wenn die Wäscherin nicht näher bekannt ist.

Himlicek war einst gern dorthin gegangen. Er brauchte die Wäscherei, und nicht nur der Wäsche wegen. Er brachte

seine schmutzige Wäsche, möglichst in einer Plastiktrageta-
sche, auf der etwas Römisches stand. Wollte in Rom gern ein
Römer sein, wenigstens sich so fühlen. Man hat ja in jeder
Stadt ein gewisses Anpassungsbedürfnis, man will auch in
Paris nicht als Schweizer erkannt werden. Nur in Grindel-
wald gibt es solche Probleme nicht.

In Rom kann man sich römisch lässig anziehen, lockere
Hosen, leichtes Hemd, aber auf keinen Fall Sandalen. Die
neuen Römer tragen keine Sandalen, Sandalen mit Söckchen,
manchmal handgestrickt, tragen Deutsche, Deutschschwei-
zer und Japaner.

Schräg gegenüber der Lavanderia Elis war eine einfache
Bar. Man konnte sich einen Saft pressen lassen, während
man auf die Signora Elis wartete, die schnell für eine Besor-
gung weggegangen war. Torno subito! Man las stehend im
Messaggero, der auf dem vordersten Tisch lag, ausgebreitet
vom vorigen Leser. Man ging hin und wieder an die Bar und
nahm einen Schluck von dem frischen Saft. Man konnte auch
da ein wenig weniger ausländisch sein, indem man zum Beispiel einen Sonderwunsch hatte: *una spremuta pompelmo e
limone, per cortesia,* Grapefruit und Zitrone gemischt. Mit
oder ohne Eis?

In Italien wird man als Gast beliebter, wenn man es dem
Wirt schwierig macht. Fremde, die sich wichtigmachen wollen, bestellen einen *succo d'arancia,* was in jeder Beziehung
ein Fehler ist und den Besteller sofort entlarvt.

Einer, der in einer zufälligen Bar auf die Rückkehr der
Wäscherin wartet und im *Messaggero* blättert, ist aber ohne-
hin kein Tourist. Himlicek hätte auch einen gewöhnlichen
Kaffee bestellen können.

Im Hintergrund der Bar nölt ein Flipperkasten verloren
vor sich hin. Er bläkt und glöckelt, und manchmal orgelt in
ihm eine elektronische Kadenz, ein schnelles Kollern, der
Kasten steht da und macht auf sich aufmerksam, es ist ihm
langweilig, er ist darauf programmiert, berührt zu werden.

Sonnenglanz auf der Straße draußen.

Da ist es schon am Morgen unheimlich heiß. In die schmale Häuserschlucht, die steil ansteigt gegen den Pincio, fällt schon früh das volle Sonnenlicht. Darum steht die Tür der Wäscherei immer offen, wenn die Signora da ist. Die Tür sieht man eigentlich nur nachts.

Ein struppiger kleiner Hund schläft zusammengerollt beim Ladeneingang. Drinnen leert man den Inhalt der Plastiktragetasche auf den Bügeltisch, den stoffbespannten; die Bügeleisen sind in Kabelmuffen, die von der Decke herunterhängen, eingesteckt.

Die Signora mustert die Ware und sagt einen Termin: am Dienstag der nächsten Woche. Nein, diese Woche ist es nicht mehr möglich, *pensi!* Streifte sie sich mit dem Handrücken eine Strähne aus der Stirn, hitzemüde?

Der Verkehr mit der Wäscherei hat etwas Römisches. Ein Tourist geht nicht zur Wäscherei, denkt Himlicek. Nur jemand, der da wohnt, ein Ansässiger, jedenfalls ein Anwesender. Ein Durchreisender kann nicht warten, bis seine schmutzige Wäsche gewaschen ist, und meistens will er auch das Geld sparen. Oder er schmeißt die Unterhosen weg und kauft neue, weil er nicht weiß, was »Wäscherei« heißt und wie er sich dort verständigen soll.

Scapolo, das italienische Wort für Junggeselle. Himm wollte ein Scapolo sein. *Scapolone* heißt Hagestolz.

Die Straße, an der die Wäscherei lag, hieß also Via della Purificazione. Die Tatsache wäre als Pointe selbst in einem billigen Roman nicht erlaubt, aber in Wirklichkeit kommt sie vor. Vieles, das wahr ist, ist unerzählbar. Ein verkrachter Schauspieler, der Georg Büchner heißt, ist unerzählbar, aber es gibt ihn. Einst fragte ein schreibender Freund: Himm, was soll ich machen? Ich will beschreiben, wie ich im Bauernhof auf dem Rad im Kreis herumfuhr und schließlich auf die Bäuerin prallte. Diese war schwanger und trug die Schürze voller Eier.

Himlicek musste ihm raten, entweder die Schwangerschaft oder aber die Eier wegzulassen.

Via della Purificazione als Adresse einer Wäscherei? Nun, *purificazione* bedeutet nach *Sansoni* nicht nur »Reinigung«, sondern auch »Läuterung«, auch »Klärung«. Jede Bedeutung ist willkommen. Der Name der Straße warf ein Licht zurück auf den Namen der Wäscherei, Elis. Elysium: der Ort, den die gewaschenen, geläuterten, geklärten Seelen schließlich erreichen.

Zu welchen Sternen greift eine römische Wäscherin beim Benennen ihres Ladens? Aber es waren einst bekannt jene Bauern aus den Abruzzen, die ihren Dante auswendig können.

Via della Purificazione, Planquadrat 45, Nuova Pianta di Roma.

Einmal hatte Himlicek sich mit Margit an der Ecke bei der Bar verabredet. Er wartete. Margit war jemand, der immer ein wenig zu spät kam, man konnte sich aber darauf nicht wirklich verlassen. An diesem Tag kam sie nur wenig zu spät. Himm wartete, und plötzlich – plötzlich: das heißt in dem Augenblick, in dem der Wartende einen Augenblick lang nicht wartet und damit dem Erwarteten das Eintreffen erlaubt –, plötzlich kam Margit von oben die Via della Purificazione herunter.

Das überraschend elegante Kleid, die pagodenhafte Frisur, Schuhe mit Absätzen und feinen Knöchelriemen. Noch viele Schritte von ihm entfernt, breitete sie schon die Arme aus. Zwischen der Wäscherei und der Bar die Freude eines Wiedersehens. Das gehörte einen Augenblick lang zur Straße, wie die Häuser an ihr. Es gibt Augenblicke, es sind nicht so viele, die als Fotografie im Gedächtnis bleiben, eingefroren, ein Standbild.

An der Via della Purificazione gibt es nichts zu besichtigen, keinen Palazzo, nicht einmal ein römisches Brünnchen. Man sieht von da auf die Piazza Barberini hinunter, aber den Muschelbrunnen von Bernini dort sieht man nicht. An der Ecke ist ein kleines Lebensmittelgeschäft, weiter oben ein Vespaverleiher; nicht viel Bemerkenswertes an der Straße, eigentlich fast gar nichts.

Nach dem bürgerlichen Namen war nicht zu fragen – die Wäscherin wiederum braucht den seinen nicht. Als Himlicek die Wäsche abholt, legt sie die Hemden, die Unterhosen, die Socken, die Taschentücher auf einen Bogen milchig-weißen Papiers. Auf einem karierten Zettel, den sie auf den Stapel legt, hat sie die Rechnung gemacht, 7'500 Lire. Über der kleinen Liste steht das Wort FORESTIERO, in Großbuchstaben. Unten auf dem Zettel ist mit raschen Strichen in rotem Garn das Wäschezeichen aufgestickt: F, daneben das Datum.

Nicht sein Name, nicht die Herkunft *Svizzero,* die sie kennt, nicht das geläufigere *straniero,* nein, *forestiero,* der Fremde.

Das Zeichen »F« findet sich in den Hemdkragen wieder, auf dem Bund der Unterhosen, auf den Taschentüchern. »F« wie fremd, und mitten im heißen Rom hat ihn mehr angeweht als nur ein Hauch des Vorhalts einer nicht so schnell vollziehbaren Entrömerisierung.

Ein Klang von jenseits der Alpen, deutschträchtig: *forestiero.* Das ist es, was zuerst auffällt: Etwas von der Heimat hat ihn, wie eine administrative Verfügung, jäh eingeholt.

Forestiero: so nahe bei »Forst«, dass es mit diesem verwandt sein muss; die Vorstellung eines dunklen Waldes, *foresta nera,* Schwarzwald.

Ist *forestiero* ein *forestierismo,* ein Lehnwort?

Und wenn es der *forestiero* mit dem Forst hat, was ist die Bedeutung von »Forst«? Gibt es da nicht ein Wortfeld mit Begriffen wie »Forst«, »Frost«, »Frist«, »First«? Und ist nicht der Sinn jeweils der gleiche – Ausgrenzung? So reimte Himm sich das zusammen: Der Forst ist der aus dem bebauten Land ausgegrenzte Wald. Der Frost braucht eine Temperatur jenseits der Gefriergrenze. Der First ist jene Linie, die das Haus nach oben gegen den freien Himmel abgrenzt. Und die Frist zeigt sie am deutlichsten, die Linie, die ein Diesseits von einem Jenseits trennt.

Ist das alles nur Erfindung? Etymologischer Müßiggang? *Forestiero.* Warum hat sie ihm nicht einen *straniero* bewilligt? Einen, der ein wenig *strano* ist, nämlich merkwürdig. Einen *estraneo,* einen der extra ist und von draußen kommt? *Forestiero* ist mehr als *straniero:* einer, der nicht dazugehört.

Spürt man in der Umgangssprache, also etwa im *Romano,* solche Nuancen noch? Man spürt sie. Und man bekommt sie zu spüren. Er, in der Via della Purificazione, spürt sie auch, und ein Frösteln (gleich: Nicht-mehr-warm-Haben) fällt ihn an in diesem Rom, dessen Pflaster er soeben noch römisch bewegt zu betreten vorgehabt hat. F wie fremd steht jetzt in seinen Hemden, seinen Taschentüchern. Er trägt nun ein Zeichen mit sich.

Es gilt, so denkt Himlicek in Rom, nicht nur für dich und nicht nur in Rom.

Rom reinigt, klärt und läutert viel; der *forestiero* merkt es, wenn er im Frost zurück ist. Das rote F erwies sich als waschecht, es blieb. Ausgebleicht, dennoch klar lesbar; das Garn hielt, solange die Wäsche hielt. Später, löchrig und dünn geworden, werden diese Stücke auf die Seite gelegt, man kann sie nicht wegwerfen.

Die Rechnung für einen *forestiero* wird aufbewahrt, ein Souvenir. Ein Souvenir – wie jedes Souvenir – als Nachklang. Ein Echo für »Via della Purificazione, Roma. Die Wäscherei, die Bar, das Lebensmittelgeschäft, der Vespaverleiher; die Hitze und der Blick hinunter auf die Piazza Barberini; der Gang gegen den Pincio hinauf und M., die einmal weniger unpünktlich als sonst die Straße herunterkam. Die Pagodenfrisur mit einer Strähne im Wind, Leben; ein Standbild.«

Echo für anderes, was weht da noch alles her, »jeden Nachklang spürt mein Herz / froh' und trüber Zeit«?

Merkwürdig ist es nicht, dass es eine Rührung gibt beim Nachklang, besonders, wenn man sich später dort dazuzählt, wo man fremd blieb. Merkwürdig ist, dass es immer mehr ein Stolz wird, Fremder zu sein. Oder ein Trotz? Was veranlasst einen dazu, den Zettel mit dem roten F, die kleine Rechnung für den FORESTIERO, »3 camicie, 2 slip, 1 mutanda, 1 calzini, 1 fazzoletto«, aufzubewahren, mitzunehmen und jahrelang mit sich herumzutragen?

──────────────────────────────

»GOTT SEI DANK geht alles schnell vorüber«, sagt der Dichter Bert Brecht, »Auch die Liebe, und der Kummer sogar. / Wo sind die Tränen von gestern Abend? / Wo ist der Schnee vom vergangenen Jahr?«

Das Gedicht heißt nicht »Die Wohltaten der Vergänglichkeit«. Aber hier kommt es einem in den Sinn. Hier, an der Hangschulter des Monte Torre Maggiore bei Terni, von dem das Wasser zu kommen scheint, dem dieser Ort sein Leben verdankte: Quellwasser von der Oberfläche, und Thermalwasser aus der Tiefe. Wir wissen heute wieder, was Wasser wert ist.

So blieb die Stadt, die Schöne, nicht nur nützlich als Stützpunkt an einer Hauptstraße des Reichs. Sie wurde windumspielte Sommerresidenz und Ausflugsort für reiche Römer, ein Badeort in den Bergen. Sie verfügte über ein Theater, eine Arena, Basilika, einen Tempel, Plätze und einen im dunklen Eichenschatten gelegenen Friedhof. Eine Stadt, die heute den Vorzug hat, nur noch in der Einbildungskraft des Besuchers zu existieren.

Carsulae. Es wurde noch in republikanischer Zeit, im dritten Jahrhundert vor Christus gegründet, und wurde bedeutend mit dem Ausbau des westlichen Astes der Via Flaminia, 220–219. Mit Augustus wurde Carsulae *municipium,* also Stadt mit römischen Bürgerrechten. Der Kaiser ließ das Forum, das Amphitheater, den marmorverkleideten dreitorigen Bogen, Zisternen, die Thermen und die Nekropolis bauen, den Decumanus maximus und die Wohnhäuser, die Geschäftslokale – Carsulae hatte sein Goldenes Zeitalter.

Es dauerte nicht lange. Heute weht der leise Wind durch das hoch stehende Gras, wellt es, lässt es rollen. Ein paar niedrige Ruinen, grauer Stein, Trümmer, herumliegende Quader.

Dies, Wanderer, ist der Ort, wo du dein Leben bedenkst. Du hörst den Ruf des Fasans, allerhand Vögel, unter ihnen eine schimpfende Amsel, und von weit die modernen Geräusche aus dem entfernten Tal. Città Ideale im Wortsinn. Eine Stadt, die nur noch aus ihrer Idee besteht, abstrakter als Pompeji, noch verträumter als Ostia Antica. Das Gebaute im Zustand der Phantasie. Alles schwankt zwischen Anschauung und Illusion, wird fassbar, bleibt doch Vorstellung und löst sich auf in Wohlgefallen. Das heißt: in Luft. Wie jenes Mosaik, von dem die Kustodin erzählt: einmal müsse es hier gewesen sein, das Mosaik, das an diesem meerfernen Ort vom Meer erzählt haben soll: Fische, Schiffe, Delphine. Nicht mehr da. Nicht aufzufinden. Gestohlen, entführt; verschwunden.

Carsulae wird zu deinem Lieblingsort. Du setzt dich auf einen Stein, du siehst Grundrisse, Tribüne, Treppen, Teile der Bögen, ein Grabmal viel schöner als das der Cecilia Metella in Rom. Du bist der Baumeister, der die Stadt noch einmal aufrichtet. Und jetzt hörst du auch die Kolonnen der Legionäre, ihren metallklirrenden Schritt.

Carsulae ist lange schon stumm, schon seit bald zweitausend Jahren. Es schweigt über seinen frühen und endgültigen Untergang – mag es ein Erdbeben gewesen sein, das die Kalkhöhlen dieser Karstlandschaft zum Einsturz brachte und die Stadt darüber versinken ließ, oder vielleicht einfach seine überhandnehmende Bedeutungslosigkeit, als der

Ostast der Via Flaminia über Terni, Spoleto und Bevagna kürzer erschien.

Stille. Keine Chronik verzeichnet die Stadt. Einmal, etwa im vierten Jahrhundert, hat man die kleine römische Basilika dem San Damiano geweiht, dann wieder Jahrhunderte der Ruhe. Im sechzehnten buddelte Herzog Federico Cesi aus dem nahen Acquasparta ein wenig, im siebzehnten auch Papst Pius VI. Aber erst ab 1951 wurde systematischer gegraben, was nicht heißt: allzu heftig.

Du sitzt auf deinem Stein, zwei, drei einzelne Besucher außer dir sind da. Im kleinen Museum beim Eingang sahst du den löchrigen Bleisarg eines römischen Mädchens, wie verbeultes Dosenblech, eine schmale, kurze Schachtel. Du denkst an die tote Stadt, und an deine Toten. Und, mit jähem Schmerz, an die im Leben Abgeschiedenen. Stille. Ein Schäfer geht langsam hinter seiner Herde durch das hohe Gras.

Du siehst in das Laub der Eiche über dir, trocken raschelnde Blätter, für die Laub nicht das richtige Wort ist. Man hat ihn für sich allein, diesen Ort, an dem man die Endlichkeit akzeptiert und den Tod aushält.

Wieder und aufs Neue eingenommen von der Friedfertigkeit des Orts, dem riesigen stillen Grab- und Gräberfeld. Der Ort, der später von einer Stadt übrigbleibt: es ist ausgestanden, sagt er. Das Atmen wird leichter, die Brust füllt sich. Ging in einem großen Bogen um die eigentlichen Sehenswürdigkeiten herum, kam also von der hinteren Seite an die den sanften Hügel dominierende Cisterna. Die Tafeln vor den weißlichen Steinbauten abgeblasst, blind geworden. Man muss auch gar nichts mehr wissen. Neuere Grabungen sind mit rotem schlaffem Plastikbauzaun umgeben. Neue Fundamente, neue weiße Plattenwege sind zum Vorschein gekommen. So langsam wie hier wird an keiner anderen archäologischen Fundstelle geforscht. Gut so.

Himlicek lässt das Theater und die Arena links liegen, geht still, die Schuhspitzen nass, über das kurze Gras. Im

Hintergrund die grüne Lehne des Bergrückens, weich, wie bei einem Fauteuil, Lehne hinter Landschaftsterrasse. Findet in der Nähe der Nekropolis einen nicht ganz vollständigen Kreis aus Steinplatten im Boden, den er bisher nicht bemerkt hat. Darum herum große Brocken, Trümmer, teils kanneliert. Ruhe. Hier möchte man seine Asche verstreut haben. Oder doch lieber dort drüben, wo der Blick über die flache Mulde geht, in der Carsulae lag, hinüber zum Verwaltungsgebäude, den Menschen? Oder lieber hier, in der von Eichen überwölbten römischen Flaminia, den Karrensteinen mit ihren zweitausend Jahre alten Radspuren? Er muss das nicht entscheiden.

An der Kasse zwei Mädchen, vielleicht Archäologiestudentinnen. Er muss es ihnen sagen: für ihn der schönste Ort in der ganzen Region.

Strahlendes Lächeln von der mit dem leicht rötlichen Haar.

Grazie, sagt sie.

Grazie?

Himlicek hat zu danken.

———————————————————————————

UNSER HERR HIMLICEK ist mittlerweile etwas vergangenheits-sehnsüchtig geworden. Soll er sich schämen? Das macht vielleicht die Moldau in seinen Genen, das bringt die Gegenwart hervor. Wenigstens meint er das, wenn er sich umschaut. Er braucht sich aber nicht umzuschauen, alle sehen es, auch wenn viele es nicht sehen wollen. Und jetzt hat auch noch das größte Ding auf Erden, nämlich diese selbst, ein Ablaufdatum bekommen.

Man lebt auf einer Zeitinsel. Die Polkappen schmelzen, die Flut steigt, man weiß das, es ist unmöglich, es nicht zu wissen. Die Wasser lecken an den Südseeinseln, sie überschwemmen und versalzen Felder in Bangladesch, der Ozean gischtet über die Ufermauern von Battery Park, N.Y.

An manchen Orten ist die Menschheit schon auf dem Rückzug. Wo sie sich aber hinwendet, da entzünden sich die Wälder. Gletscher schmelzen, Gebirge stürzen zu Tal. Die Luft wird knapp. Das Wasser auch.

Die Zeit zieht sich um das Eiland zusammen, auf dem die Menschheit immer enger zusammenhockt; Affenfelsen. Entsprechend kreischt es. Man beginnt, die anderen zu hassen.

Man sieht immer besser, was wir gehabt haben, und ahnt immer deutlicher, was wir verlieren werden. Die kleinen Schülermädchen sehen es am klarsten.

Die Aufregung, für die man dankbar sein muss, ist nicht neu für Himlicek. Mein Beruf hat es mit sich gebracht, dass ich das alles schon einmal gelesen habe und kenne, denkt er, die Papiere des Club of Rome, den *Schwarzen Frühling, Das letzte Ufer,* Orwells *Farm der Tiere.* Bill McKibbens *The End of Nature* und zuletzt Roy Scrantons *Learning to Die in the Anthropocene.* Im Film gesehen: Al Gore, *An Inconvenient Truth.* Habe mit allen andern den sauren Regen überlebt, ist keine Rede mehr davon – genauso wie die Italiener den Diesel nicht fürchten, indem sie, so gescheit kann man sein, das Abgas nicht messen …

Habe vor zwanzig Jahren oder mehr bei Huber & Leon selbst das Buch eines Schweden lektoriert, welches das Schmelzen der Polkappen in allen Details voraussagte. Das alles hat nichts geändert und nichts gebracht. Und wenn ich etwas daraus gelernt habe, ist es dies, dass wir nicht lernfähig sind.

Gott hört mein Brummen, sagte Himms Großmutter, die Deutschpragerin, wenn ihr etwas über die Leber kroch, über das zu sprechen keinen Sinn machte.

Himlicek verliert seinen Wissensdurst.

Die Erde wäre der Auftrag gewesen, der wurde verludert. Das Datum ist inzwischen festgelegt, man kann es nur noch nicht lesen. Aber die roten Zahlen, die die Erdgeschichte abzählen, laufen rückwärts, wie rasend, vom Urknall durch die Jahrmillionen in die Gegenwart. Devon, Karbon, Perm; Trias, Jura, Kreide, sie schnurren herunter – als lächerlichen Zeitzipfel hat man den Sekundenbruchteil Anthropozän erfunden.

Den Urknall muss Herr Himlicek sich als etwas Lautes vorstellen. Die Kerzenflamme, die flackernd erlischt, stirbt geräuschlos. Vor dem Fenster, hinter dem Himm ins Ungefähre schaut, »vor einem blassen, schneeschweren Himmel«, fliegt eine Möwe vorbei –

SCHLENDERT in den letzten Stunden des 31. Dezember durch die Altstadt. Es wimmelt. Junge Leute in Festlaune, fröhliche Menschen, mit denen Himm nichts zu tun hat, in seinen dicken Fellmantel gehüllt, bis zum Hals geschlossen, die Hand am Revers.

Fremd zu Hause, das ist jetzt die Empfindung. Aber Himlicek ist nicht gekränkt. Eher beruhigt. Geht an der guten alten Bodega Espanola vorbei, schaut durch die geätzten Glasfenster. Kein Gedanke daran, sich unter die Zecher zu mischen, allein und vermummt, wie er ist. Und unwirsch. Gleich danach der Schwarzenbach, ein altertümliches Comestible-Geschäft, das als sein Duplikat überlebt. Schwarzenbach, es war auch einst das Kürzel für Fremdenfeindlichkeit, damals, als die Fremden noch ein paar singende Italiener waren, *Maiser*.

Geht an der Spiegelgasse vorbei, an der Marktgasse und biegt in den Rindermarkt ein. Hat Muße, in Schaufenster zu schauen, die er sonst nicht beachtet. In einem kleinen Laden steht, wie ein Bulle, ein glänzender schwarzer Flügel. Keine Dekoration an den Wänden, nichts anderes als dieser Flügel. Es ist nicht zu erkennen, ob der Steinway zum Verkauf dasteht oder als sein eigenes Denkmal.

Vor dem Irish Pub lungern noch, wie vor fünfzig Jahren,

hübsche junge Frauen mit schönen jungen Männern und rauchen. Man sagte damals, es sei leicht, hier eine dänische Krankenschwester aufzureißen. Himm riss aber nicht auf, damals nicht und später nicht. In seiner Biographie fehlt neben vielem anderen auch die Krankenschwester.

Einige Schritte weiter fällt ihm ein helles Schaufenster auf. Man stellt hier weiß schimmernde Küchenkombinationen aus: Design, Funktionalität, Schmiss, Luxus. Der Name des Ladens steht dezent und sauber, Groteskschrift Helvetica, an der Schaufensterscheibe: DADA.

Wie kann eine Küche Dada sein?

An der Spiegelgasse wohnte Lenin, und an der Spiegelgasse war einst das *Cabaret Voltaire,* Dada, die kleine Kultur-Revolution, eine der wenigen anarchistisch-chaotischen Hervorbringungen, die Zürich zugelassen hat.

Kuratoren halten Dada am Leben, der Staat leistet sich ein Dada-Haus. Die antibourgeoiseste Kunst, eine fröhliche Revolution gegen alles, ist im warmen Schoß der Gesellschaft gelandet. Diese hatte schon immer ein Talent, das Gift, das ihr hätte gefährlich werden können, zu verdünnen und, auf dass sie ruhiger schlafe, als eine Art Hoffmannstropfen, als Ätherweingeist darzureichen.

Die Zeiten, in denen unvermutete Assoziationen spielten, Erfahrungen, Leidenschaften brausten, das Geistestheater tobte, das Durcheinander schöpferisch war: endgültig vorbei.

Es tobt nichts mehr. Es ist eine andere Zeit angebrochen, längst, wie gesagt. Man merkt so etwas erst viel später. Das frische Brötchen, das vor einem lag, ist über Nacht altbacken geworden, aber man hat es nicht gemerkt, obwohl man es immer wieder angeschaut hat: hat nicht erkennen können, wann genau das Brötchen altbacken wurde.

Himlicek nicht gekränkt, wie gesagt, eher beruhigt. Eben: fremd. Geht langsam und auf Umwegen nach Hause. Im Dunkel, ein Hund läuft auf ihn zu, ein gesprenkeltes Tier oder Untier, zottig, einen schwarzen Fleck auf dem Rücken, schnüffelt an seinem Mantel, sucht mit der Schnauze im Schritt, dreht an das Gebüsch am Wegrand, hebt das Bein. Schöner Kerl, denkt Himm, streicht ihm über den Kopf.

Ein jüngerer Mann kommt aus dem Dunkel, bleibt stehen, sieht mit Himm auf das Tier hinab.

»Schenner Chund«, sagt er.

Geht weiter. Hält inne. Wendet sich noch einmal zu Himm: »Ich winsche Innen noch viele glickliche Kilometer mit himm.«

Sofort sieht Himlicek die Landstraße, ein Band, das schmaler wird und sich am Horizont verliert. Darauf, klein und kleiner werdend Charlie the Vagabond. Ein gefleckter Hund rast links und rechts von Charlie über das Feld, umspielt ihn, rennt voraus, die Hinterläufe im Hoppeltakt schräg versetzt gegen die Vorderläufe werfend. Wackelnder Hundehintern.

———————————————————————

VIER STRASSEN FÜHREN AUF IHN HIN, auf das Unding, Häuserfalle. Ein paar Bäume wurden gepflanzt, scheinheilig, an den Rundungen des Platzes. Müll und Unrat auf dem Quadrat Erde, das man ihnen mit vier Pfosten zugesichert hat. Im Frühling sehen sie aus, als möchten sie auch in diesem Jahr auf das Ausschlagen verzichten. Sie möchten jedes Jahr darauf verzichten, aber sie dürfen nicht. Auf den vier Straßen dröhnen Tramzüge auf den Platz zu, wie Vieh zur Tränke strebt, Trolleybusse und anderer Verkehr. Auf den Fußgängerstreifen rund um den Platz gehen die Fußgänger langsamer, sie behindern den Autoverkehr: jeder hat mit den Automobilisten eine Rechnung zu begleichen. Der stehenbleibende Autoverkehr behindert die Tramzüge, die stehenbleiben, so bleiben die Autos vor ihnen stecken und behindern die Autobusse, die steckenbleiben. Die Fußgänger grimmig befriedigt.

Carrefour du Désespoir. Der Platz macht deutlich, dass es aus solchen Kreiseln keinen Ausweg gibt. Es ist ein Platz mit einer Wahrheit, keiner schönen. Wer hierherkommt ins Quartier, ist zu diesem Platz verurteilt. Der ist der Magnet, dann das schwarze Loch. Immer mehr Bewohner stranden hier. Wenige kommen noch heraus und können davon erzählen. Läden versuchen, die Zugelaufenen aufzunehmen und zu schützen, ein paar Kneipen, eher schäbig: sie bieten einen Hinterausgang an. Ein Reformhaus versucht, die Passanten mit eingebildeten Gesundheiten aufzumuntern, bevor es sie wieder in den Verkehr schickt. Über dem Straßenkreuz liegt eine Kappe aus Blei, der städtisch verordnete Himmel.

Unter dem Gewirr der Elektrodrähte, an denen die Verkehrsmittel entlangfahren, steht und wartet in langen Wintern eine schlechtgelaunte Bevölkerung. Nirgends in der schlechtgelaunten Stadt ist an den grauen Tagen die Laune schlechter als hier. Alte und Ausgesteuerte fallen auf, Rettungslose. Outcasts, windiges Gesindel. Bärte, Strähnen, Stoppeln, aus gefärbten Weiberscheiteln herauswachsendes Grauweiß. Junge, den Hosenbund in den Kniekehlen, für die man sich keine Zukunft vorstellen kann, auch nicht, wo sie gegenwärtig wohnen. Ob sie überhaupt wohnen. Aus vielen Ländern an diesen Unort zusammengewürfelt.

Haben sich hineingefräst, die Abgebrühten unter ihnen, die Schamlosen, in die Stadt, die einst milder war. Aus Ländern, deren Namen immer fremd bleiben sollen, Gegenden jenseits der Freude. In ihren hochgetunten teuren Boliden röhren sie, jeder ein Möchtegerntotschläger und Frauenschänder, durch die Straßen, Mützenschild nach hinten, hochrasiert, gestutzte Assyrerbärte, Tattoos. Ringe im Ohr. Papiertaschen voller Banknoten neben sich. Junge Männer, deren Namen niemand weiß und jeder kennt: denen man nichts beweisen kann.

Vor dem *Café TipTop* sitzen andere Randständige und warten darauf, dass sie abgeholt werden. Aber die Rettungswagen fahren heulend an ihnen vorbei. Und gleich danach die Polizei, sie droht mit Festnahmen. Die Wartenden haben Schicksale, sind Unglückliche, Entgleiste, vom Lebensweg Abgekommene. Verführte. In ihren Ländern war es schöner. Nun verharren sie mit dem Beatmen falscher Hoffnungen über einem kalt gewordenen Café Crème und geben ihren letzten Platz auf diesem Platz nur widerstrebend auf. Sie zertreten eine Bierbüchse, lassen ihre Zigarettenstummel fallen. Spucken. Einige stöhnen laut, verfluchen die Welt, sie sagen ihre Wahrheiten. Sie brüllen sie. Der Platz hält ihnen seine Parole entgegen: Pardon wird nicht gegeben. Um dem Ziel einer jugendlich-altenfreien Stadt näherzukommen, hat man hinter dem Platz das Alterskrematorium eingerichtet. Aber die Alten sind zäh, sie brennen nicht.

Ein paar farbige Halbwüchsige lachen dort drüben im Schutz der Traminsel gegen ihre Gegenwart an. Himlicek ist wieder einmal nicht unter denen, die da mitlachen können.

———————————————————————

HIMLICEK will nicht weniger. Je mehr er weniger wird, umso weniger will er weniger und umso dringender will er mehr. Auf zu neuen Ufern, auch wenn es die letzten sind. Das größte begehrenswerteste entfernteste überflüssigste noch knapp erreichbare Ding. Der Flügel, und das Schweigen des Flügels. Sein schwarzes Geheimnis. Seine Musik, tief im Holz. Der stille Glanz. Japanischer Lack, unzählige Schichten.

Schwarz, glänzend, Glanz aus der Tiefe. Noch nie hatte er bisher vor einem solchen Schaufenster haltgemacht. Nun streicht er den Geschäften nach.

Wenn man mit der Hand über diese Oberfläche streichen könnte, der Außenhand, dem Handrücken, da wo die Hand am zartesten ist. Führe der Beugung des Klangkörpers nach.

Himlicek will einen Flügel haben.

Wie soll einer, der nicht Klavierspielen kann, einen Flügel auswählen? Er lässt ihn sich vorspielen. Der Verkäufer wechselt seinen Hintern von einem maulaufsperrenden Ungeheuer zum nächsten. Himlicek siegesgewiss. Einer aus der Flügelreihe wird schon zu ihm sprechen, ihm etwas zu sagen haben.

Der Verkäufer ist gefordert. Himlicek aber unzufrieden. Er lässt sein Ohr über Nacht im Laden.

1957 hat Glenn Gould in New York bei Steinway&Sons eine Reihe von Flügeln anprobiert. Hinter ihm Wärmestrahler, da es in dem Fabrikationsgebäude so kalt war.

Himlicek deutet am folgenden Tag schüchtern auf einen schwarzen Kerl, der nicht so unverschämt groß ist, der ihn aber schon die ganze Zeit mit seinem schimmernden Lack bezirzt hat. Dreimal zwölf Monatsraten, Himlicek wird umziehen, alles verkleinern.

Aber sieh mal: der tiefe Glanz der Oberfläche.

Zwei Männer wuchteten das Monster, in breite Riemen gehängt und seitlich gekippt, durch die Tür. Es blieb, als sie endlich durch waren, dahinter kaum noch Platz, um den Flügel zu drehen und abzustellen. Himlicek richtete sich nun ein Lager her. Ein schmales Feldbett aus Armeebeständen. Er lag halb unter dem Flügel und starrte hinauf. Lernte seinen Flügel zunächst von unten her kennen, das Sparrengebälk mit dem daraufliegenden Klangbrett; eine Konstruktion, die ihn an alpine Dachkonstruktionen erinnerte, und so fühlte er sich. Darum herum Bücher in kleineren und höheren Stapeln, der Fußboden bedeckt. Himlicek war mit den Büchern und dem schweigenden Flügel allein. Aber nicht einsam, überhaupt nicht.

Sorgenvoll. Soll er den Flügel nachts offenstehen lassen? Oder lieber schließen? Kann sich ein Flügel erkälten, wenn das Fenster offensteht? Ist das Flügelinnere staubempfindlich?

Am Tag offen, sicher. Flügel mit Flügel, oder Schwinge –

Die Kammer fasst den Flügel und nicht viel mehr.
Schallisolation des Zimmers, notdürftig, Isolationsplatten, auf einer Baustelle gestohlen, an die Wände genagelt. Da klopft auch der Nachbar mit.

Taubenschlag. Ein Kocher im Vorraum, kleiner Tisch, ein Stuhl, neben dem Klo. Bücherstapel. An einer Wand Bilder von blinden Jazz-Musikern, die man nicht sieht: Blind Erroll Garner. Blind Willie Smith. Keine Rahmen, nichts, weiße Flächen. Wenn man sich der Wand nähert, hört man Musik, Arpeggios, Girlanden, gleitende Akkorde.

Der Flügel beginnt zu atmen, lauscht, schnüffelt, sichert die neue Umgebung. Dann ist er zufrieden, er steht im Zentrum. Himlicek nennt ihn abwechselnd Bucephalos, Condor, Aquila, Toro; er streichelt seinen *Stier*. Der Flügel trotzt. Dann schimpft er ihn einen *Büffel*. Sagt *Ikaros* zu ihm. Schämt sich. Der liebe, der stumme Flügel. Himlicek sitzt auf einem Küchenhocker an seinem Flügel und starrt auf die Tasten. Übt Hämmerchen fallen lassen.

Pling. Ist das schon *Musik?*

Suoni disiecti hätte er seine Kompositionen nennen können. Die klingen und verklingen, ohne je gehört, geschweige denn ein zweites Mal gespielt zu werden.

Er horcht dem nach, dem Privatkonzert auf seinem Privatflügel. Dem langsam schwindenden Klang nachhören, das Gehör dafür schärfen, Gehör weit machen. Die Grenze zwischen dem Hörbaren und dem Unhörbaren ins Lautlose verschieben.

Pling. Hinter dem verklingenden Ton wartet die Ewigkeit.

Zwei Hämmerchen, Harmonie und Disharmonie, drei Klänge, Dreiklang.

Zwischen dem Flügel und Himlicek, in diesem Abstand, liegt alles, was nicht Musik ist an ihm. Das muss er aushalten. Stumm bleiben, vorderhand. Und *ungehört*. Muss er aushalten. Hilfe aus einem Buch, zwei Sätze exzerpiert und in der Küche aufgepinnt: *Ich trage ein Herz in mir herum, wie*

175

ein nördliches Land den Keim einer Südfrucht. Es treibt und treibt, und es kann nicht reifen.

Warten.

Ein zerfleddertes Exemplar von *Krapp's Last Tape*. Himlicek Hagestolz.

Himlicek jubelt: Ich habe das größte Instrument für fast keine Musik! *To have and to have not,* unmittelbar darauf rächt sich der Flügel für die Unverschämtheit, indem er sich von einem Dreiviertelinstrument zu einem Vierviertelflügel aufbläht. Jetzt steht ein gigantisches Grand Piano im Zimmer, und nichts mehr anderes hat noch Platz. Himlicek drückt sich zwischen Flügel und Wand durch.

Steinway, Schimmel, Bösendorfer, insbesondere der Blüthner 1930 seien hochneurotische, elfenbeinstarke Gegner, sagt Himliceks Freund. Zum Fürchten! Himlicek sitzt dem Freund, einem Jazzpianisten, zu Füßen und himmelt ihn an. Den Blüthner zu spielen sei *eine Mischung aus Horsedownriding und Demut.*

Bipolar geworfen zwischen Hochmut und Fall –

Jeder Flügel sei ein Individuum, also ein Wesen, jeder ein anderes. Sein Blüthner sei schon vom Vater gespielt worden. Er habe wohl etwa 150'000 Stunden drauf.

So ein Instrument ist wohl rundum glücklich, denkt Himlicek. Himmelt weiter hinauf zum Freund an der Tastatur.

Sie könnten zum Beispiel *gar nicht klingen,* die Flügel, sie können *wunderbar klingen.* Und so weiter, sagt der Tastenmann.

Es seien zwei Tonnen Zug auf den Saiten – das beschreibe in etwa, mit welchen Kräften man umgehe. Man habe einen Athleten vor sich, mit dem man mit Wattebäuschchen spielen möchte.

Das hat er so nicht gesagt –

Himlicek himmelt. Er hat immer gern bewundert, kein Problem, der Minore zu sein. Na ja. Grundsätzlich sei jeder Flügel zu spielen – *nur habe man dem Instrument zu folgen mit der Musik, die man spiele.* Das gelte noch fürs letzte Kneipenpiano. Himliceks Freund erläutert die Vorteile des Jazz. Himlicek erinnert sich an Charlie Parker, der auf Tournee in Kanada sein Altosaxophon in New York vergessen hatte und auf einem Plastikkinderinstrument spielte; die Musik war immerfort Charlie Parker.

Warum also sollte Himlicek nicht einfach dem Flügel folgen? Die Musik ist doch schon drin, die er ihm entlocken will.

Die Karriere als Zweifingerpianist sofort aufgeben.

Man *intoniere* einen Flügel, sagt der Freund und wendet seinen Kopf – Himlicek denkt, es ist eher ein Haupt – dem ergebenen Himlicek zu. Dieses Ding werde nicht einfach *ab Fabrik gespielt.*

Wahrscheinlich gilt das für jedes Instrument inklusive des Grammophons, denkt Himlicek. Auch das Grammophon braucht die Hand, die es belebt.

Jeder gleich aussehende Steinway sei ein anderer, und so sieht man sie denn in einem großen Geschäft alle in einer langen Reihe stehen. Vollblüter im Rennstall. Der Pianist gehe von Instrument zu Instrument. *Jedes bessere Orchester hat einen Einkäufer,* der probiert alle durch; einige sind *musikalischer,* andere *voller,* oder *schlanker,* manche *störrisch.* Jeder hat seinen Klang, und keiner klingt immer gleich. Der Klavierstimmer ist in der Lage, dem Flügel Flügel zu verleihen und den gewünschten Charakter aufzuprägen. Nicht selten *sperrt sich* der Flügel, bleckt das Tastengebiss. Kürzlich hat ein Klavierstimmer sich einen Rückenwirbel gebrochen, als der Flügel ihn abwarf. Der Flügel lebt, und er *verändert* sich.

Der Flügel ist ein Kunstwerk aus Natur. Der Hersteller Kawai hatte zehn Jahre lang Probleme mit seinen Flügeln, nachdem das Holzlager abgebrannt war.

Ein Flügel, der von zu vielen gespielt wird, findet keine Identität, sagt der Freund. Himlicek glaubt, dass das letztlich auch auf einen Hammer anwendbar ist, vielleicht auf alles, was aus dem Handwerk kommt. Wagt nicht zu fragen: Ist ein Flügel vorstellbar, der nur *von einem einzigen Hörer* gehört werden will?

Er habe sich einen Flügel wachsen lassen, scherzt Himlicek in einem Brief an Sophie-Charlotte, eher ungeschickt.

Ravioli aus der Büchse, kalt. Der eine Fuß öffnet die Klappe des Mülleimers und hält sie offen, die eine Hand gabelt sich das Zeug aus der Büchse, dann gibt die Hand mit der Büchse nach, die leere Büchse fällt in den Eimer, der Fuß zieht sich zurück.

Der Raum scheint kleiner zu werden, das Geflügel immer größer. Es beherrscht den Raum. Himlicek beugt sich dem; sieh, es kommt die Zeit, *sich das gefallen zu lassen.* Er beginnt die Musik zu hören, die in dem Instrument drin ist, dessen eigene Musik. Mitunter auch, ahnt Himlicek, Nachhall anderer Musiken. Flügel, mit andern Flügeln telepathisch verbunden.

Tagebuch: »Nachdem ein einzeln angeschlagener Ton verklungen war, langsam, verschwebend, begann ich anderes zu hören. Dann immer mehr, und immer mehr Zusammenhängendes.«

Tagebuch: »Der verschwebende Ton hatte noch der *Zeit* angehört, dahinter ahne ich das Zeitlose.«

Himlicek berührt die Tasten nicht mehr. Er nimmt sich vor, seinen Flügel *auszuhören.*

Er liegt unter ihm und hört. Schaut nach oben: dicke massige schwarze Streben, die das asymmetrisch kurvige Holzgebäude zusammenhalten. Weiter vorne das breite Brett unter der Tastatur und Stimmbock plus das obere Ende der Harfe. Hinter den groben schwarzen Streben und schräg zu diesen sind kleinere, feinere, in braunem Farbton des darüberliegenden Resonanzbodens gehaltene Streben, die diesem seine Festigkeit verleihen. Einst waren umherziehende polnische Zimmerleute die Besten ihres Fachs. Himliceks Flügel erinnert sich gern an ihre Dachkonstruktionen.

Niemand darf mehr diese Wohnung betreten, mit der kleinen Küche und dem Küchentisch, dahinter die Höhle. Himlicek muss nun früher nach Hause, um den Flügel *abzuhören*. Er bricht das Gespräch mit einem Freund abrupt ab, schon nach dem zweiten Bier in der Bodega. Lässt ihn sitzen, sieht noch, wie der gleich zur Zeitung greift, beneidet ihn mitunter: keine Flügelverantwortung. Aber sein Flügel hat in der kurzen Abwesenheit wieder eine Menge Musik angesammelt.

Himlicek muss ihn unverzüglich erleichtern, leerhören.

Seine Lieblingsfernsehsendung, eine Doku-Folge über Schmetterlinge, schaut er in der Küche, auf einem kleinen Bildschirm. Er hätte es sich nicht erlaubt, dies in der Nähe seines Flügels zu tun.

An manchen Tagen ist der Flügel verstimmt, an anderen bleibt er stumm. SOS, der *Blinde* muss her. Der Klavierstimmer schlägt einzelne Töne an, als tippe er auf einer Morsetaste, horcht, schüttelt ratlos den Kopf. An anderen Tagen braust es im Holz wie Föhnsturm. Himlicek schließt den Deckel: die Nachbarn! Ganz selten die Tage, an denen er klar und heiter klingt, glockenrein. Flügelrein.

Flügel träumt. Gelungene Tage!

Einige Zeit gibt Himlicek jungen Pianisten Musikunterricht, indem er auf seinem Hocker sitzt, ihnen zuhört und ihnen beschreibt, was er empfindet. Fortgeschrittene spielen, ohne dass Himlicek ein Wort sagt. Sie können an seinem Gesicht ablesen, wie es geklungen hat. Dann wird ihm das zu viel Musik. Nun auch keine Schüler mehr.

Himliceks Freund sagt: *Wenn du vier, fünf Tage nicht mehr geübt hast, wirst du nervös.* Er erklärt das so: Nicht nur der Faden des Auf-der-Höhe-Seins reißt ab – die Inventionen, an denen man gerade arbeite, gingen verloren. Himlicek weiß, ein Pianist ist eigentlich ein Flügel-Knecht. Das Instrument beherrscht ihn.

So wird auch Himlicek, ein musikalisierender Geisterfahrer, von seinem Flügel immer weniger fernbleiben können. Es ist dann nicht Heimweh, was ihn im *Anderswo* überfällt, sondern Zwang: Ich kann den Flügel nicht so lange allein lassen! Was macht er ohne mich? Er schweigt, das weiß Himlicek, aber dieses Schweigen schadet ihm à la longue. Ein Flügel, der nicht gehört wird, lässt die Saiten hängen, er *verstimmt sich.*

Ein Pianist im Film über den blinden Klavierstimmer nach dem Stimmen euphorisch: *Das ist der Ton, der Klang, von dem ich immer geträumt habe.* Der blinde Stimmer, erleichtert, öffnet eine Flasche Champagner. Der Flügel hat sich mit Hilfe des Klavierstimmers offenbart.

Der Flügel sei ein Ding, sagt Sophie-Charlotte, mit der er in seinen Briefen vorsichtig über seinen Flügel zu sprechen begonnen hat, *welches ein Ding sei und sich gleichzeitig über die Dinge erhebe.* Unklar ist Himlicek, ob sie *den* Flügel meint, oder den *anderen.* Beide erheben sich über die Dinge, ja, sie lassen sie beide weit unter sich.

Der Flügel beginnt zu klingen, als Himlicek unter ihm schläft, *er erscheint ihm im Traum.* Es ist Himliceks eigene Musik, klar: die Musik seines Inneren.

Nein, nein, so einfach ist es nicht. Der Flügel spielt Musiken der Sehnsucht, Musiken, die Himlicek noch gar nicht kennt, und später und wie nebenbei Kompositionen der Klavierliteratur, die Himlicek gern einmal gehört hätte ...

Himlicek immer noch lieber allein. Man kann nicht *gemeinsam* Musik hören, höchstens *nebeneinander,* dämmert ihm. Zwei eng verbundene Menschen sitzen nebeneinander im Konzert, und jeder hört etwas ganz anderes. Die Unterhaltung später darüber, über das, was man gemeinsam gehört haben will, kann nur dazu dienen, die grundsätzliche Unvereinbarkeit der beiden Zuhörer zu übertünchen. Solche sind eben harmoniesüchtig. Sie möchten ein Paar bleiben. Eben noch waren sie *geschieden* voneinander: er hat ihr zugenickt, nichts gesagt. Zwei Dinge aufs Mal hören kann keiner. Sehen, schmecken, fühlen, ja, denken gleichzeitig, das schon.

Orpheus in der Unterwelt, wo es nicht besonders hell ist. *Nur wer mit Toten vom Mohn / aß, von dem ihren, / wird nicht den leisesten Ton / wieder verlieren.* Das Hören von Musik ist eine Einsamkeit. Jeder kennt die unerhörte Faszination einer Musik, die aus dem Dunkel zu ihm kommt. Oder wie im Traum von einem Kahn auf dem See, knapp über dem Wasserspiegel, aus der Nacht.

Hat man ihm nicht immer gesagt, er solle sich auf das Wesentliche konzentrieren? An der fleckigen Zimmerwand – endlich ist er unordentlich geworden – Dürers Flügel, *Flügel der Blauracke,* eine Postkarte, schief. Er hat eine große Archivschachtel mit Kassettenbändchen aus dem Keller geholt, dazu eine alte Kassettenmaschine, die noch einwandfrei funktioniert: Akai. Es laufen die alten Kassetten, die Laederach ihm einst geschickt hatte. Laederach, verschollen im Abgrund der Vergangenheit. Jetzt lebt er wieder. Manche der Bändchen sind verklebt, einige drehen leer. Die Bändchen laufen unregelmäßig, sie eiern. Der Ton, Chopin bis Shepp, schwankt wie ein entferntes Schiff. Ein Echo aus anderen Zeiten des Hörens. Ein gefleckter Hund gehörte dazu. Sony, TDK, Maxell, anonyme Migros-Kassetten. Alle mit Zetteln von Laederach beklebt, die Namen der Musiker, zum Teil mit Anmerkungen: »Rarität!«. »Gute alte saftige Zeit«. »The total elegance«: Wallace Roney. »Der Ungar Szakcsi spielt Klavier – Monk aus der Puszta. Allen laut vorspielen! Laut!« Auf einer Oscar-Peterson-Kassette: »Wer viel Monk hört, braucht zur Abwechslung mal viel Noten«.

Gegen Ende eines 90-Minuten-Tapes mit allerhand Haydn die Stimme, die dunkle Lebendstimme Laederachs:

Bitte bald Band wechseln!

Bitte bald Band wechseln!

Himlicek elektrisiert.

Himlicek gräbt eine versunkene Kultur aus. Viele Bändchen sprühen glitzernd wie neapolitanisches Feuerwerk. *No HiFi, Sir.* Das klingt wie Regen, der durch einen nassen Filzhut tönt: umso größer die Musik. Konservative Revolution gegen das Diktat der normativen Audiophilen. Man hört nicht die letzte Technik durch Kupferkabel, deren Moleküle drei Meter lang sind und einen Tausender pro Dezimeter kosten, man hört den Gang der Musik, den Geist, und auch die kommenden Takte eine Kassettenumdrehung voraus. Das Band hat sich selbst kopiert, Gleichzeitigkeit des Ungleichzeitigen. Himlicek beginnt, sich nach einer noch schlechteren Wiedergabe zu sehnen.

Dann geschieht etwas Ungeheures. Himlicek spult noch einmal zurück, lässt laufen, spult noch einmal zurück, lässt laufen. Und noch einmal. Da ... unverkennbar: das Knacksen, sehr leise, aber sehr hörbar: als der tote Freund den Pick-up auflegt, die Nadel in die Rille einfährt.

Knack.

Knack.

Er ist also gar nicht tot. Da ist er doch, am Leben – Laederach legt eine Platte auf, jetzt, in diesem Augenblick, *adesso.* Himlicek hält sich die Kassette ans Ohr.

Warum ist Laederach nicht neben ihm, Laederach, mein Laederach, du *absconditus.*

Gegenwart des Verschollenen. Das Klappern der kleinen Kassetten erinnert Himlicek an beste Zeiten. Himlicek spielt dem Flügel Kassetten vor. Der Flügel hört aufmerksam zu. Arpeggios von Oscar Peterson, Bebop von Bud Powell, sein *Parisian Thoroughfare,* wie Sonne durch Nebel leuchtend. Der Flügel delektiert sich an dem harten Anschlag von Bud Powell. Dann an dem von Gould, Strauss' Klaviersonaten. Dann Horace Silver, Himlicek und der Flügel applaudieren sordiniert. Bill Evans, Himlicek träumt, aber der Flügel wird wütend. Dann Thelonious Monk. Der Flügel räuspert sich nur.

Himlicek schläft nicht mehr. Der Flügel hat ihn überflü-

gelt. Himlicek ist schmal geworden, seine Augen sind gewei-
tet. Sie schauen von der Pritsche zum Flügel auf. In solchen
Momenten erbarmt sich der Flügel und spielt göttlich.

Himlicek schläft zur Musik ein.

Himlicek als Theoretiker der *Pianokinese*. Das Phänomen
wird von ihm in einer Streitschrift untersucht, die er nicht
schreibt, einem Pamphlet, das keinen Gegner braucht. *Ich
spiele meinen Flügel durch ihn selbst.* Sein Flügel, durch Kon-
zentration und Geisteskraft und ohne die Tasten zu berühren zum Klingen gebracht, dies nun gedreht und gewendet,
behauptet und nicht bewiesen, also nicht ausgeschlossen.
Darauf kommt es an. Er schreibt den Text mit einem stump-
fen Bleistiftstummel auf die Wand. Zählt die Wörter, am
Ende 16 Seiten, klassischer Essay nach klassischer Defini-
tion.

Ich habe das vermaledeite Herumhantieren des Pianisten
überwunden und überflüssig gemacht, schreibt Himlicek
an Sophie-Charlotte, und damit das ganze Brimborium des
Bühnenauftritts. Das Hereinhagestolzieren des Tastenaf-
fen, das verlogene Verbeugen, das alberne Geflatter mit den
Rockschößen beim Setzen, das rituelle Arschvorzeigen des
Piano-Pavians. Das endlose Rücken am Klavierstuhl – hätte
der Mann das nicht schon beim Soundcheck erledigen können? Das eitle Fingerchenstrecken und -knacksen. Der trief-
äugige Blick ins Publikum, der Sprung kopfüber in die Geisterbahn. Dieses falsche Pathos. Mit vorgehaltenem Anschlag:
Hände hoch! Schweben der Hände, Pause, Schweben, Blick,
Schweben – und nieder mit den Pfoten, und mit Vollgas in
das närrische Auf und Ab des Herumfingerns und Töne-
hinterherjagens auf der leidenden Tastatur. Weiß der Mann
nicht, dass das Grammophon erfunden ist?

Liebe Sophie-Charlotte, Flügelvergewaltigung müsste man
manches Klavierkonzert nennen.

Meine Handrücken bleiben ganz ruhig, wenn sie den Takt
klopfen auf meinem Knie. Und doch bin ich besser als je-

der Pianist im Kampf mit dem Flügel, ein Klavierspieler, der, vielleicht Virtuose, notwendigerweise auf seine Technik und die des Instrumentes angewiesen bleibt, auf die mühselige und verlustreiche Übersetzungsarbeit vom Hirn über die Pfoten, Finger auf die Tasten, das in den Flügel Hineinhauen und Herunterbuchstabieren von Musik, armlang verholpert durch die Unzulänglichkeiten seiner Anatomie, seiner oberen Gliedmaßen, Hände und Finger, die entwicklungsgeschichtlich möglicherweise für den Gebrauch einer Steinaxt sowie für die Umarmung angelegt waren, niemals aber für die überlegene Mechanik eines Flügels, die der seinen immer um Tastenhebellängen samt Stoßzungenspitze voraus ist und der er an seiner Klaviatür lebenslang hinterherfingert, hoffnungslos.

Er holt den Flügel nicht ein, der Flügel lacht sich eins.

Ich bin, liebste Sophie-Charlotte, ein Flügelflüsterer geworden.

Ich mache, indem ich meinen Flügel, meinen schwarzlackierten Pegasus, als Pianokinetiker betreibe, *reine Musik*. Will heißen die Musik, die unmittelbar meinem musikalischen Vorstellungsvermögen und dem meiner Inspiration entspricht, absolute Musik, wahrhaft ideale, die mein Flügel mit meinen innersten Modulationen wiedergibt. Meine Pianissimos sind leiser als ein Gehör, mein Forte herrscherlich, wie der Donner vor meinem Fenster, meine Arpeggios gleitender als alles bisher Gehörte, meine Fermaten sprechender als jene durch Humanpianisten erzeugten Pausen zwischen zwei dürftigen Einfällen.

Der Nachbar hört nichts, und bei mir tobt der Ton-Tornado.

Ich werde immer besser, Sophie-Charlotte, ich übe viel und nachts. Manchmal kommt Applaus von der Straße unten. Ich weiß nicht, wie man uns hören kann.

Du solltest uns beide sehen: wie vertieft ineinander wir sein können. Man dürfte das ein großes Glück nennen, eines, wie ich es im ganzen Leben nicht gekannt habe.

Und vielleicht kommt der Tag, an dem wir zusammen auftreten werden, mein schwarzer Bruder und ich, im Konzertsaal, und der Flügel wird allein und wie ein Stier in der Arena stehen, und ich werde unter ihm liegen und ihn beflügeln und begeistern, wir zwei, ein einmaliges Duo, ein musikalisches Traumpaar.

(Brief eingetütet, frankiert, liegengelassen).

Schläft weniger, träumt viel mehr. Er sitzt mit dem Flügel, diesen auf einer Schmalseite balancierend, auf einem schwankenden Hochmast, hoch, hoch oben im Korb, Mast biegt sich, wiegt sich, tiefer, jetzt fast zur Erde, Himlicek verzweifelt bemüht, nicht herunterzustürzen. Der Hochmast biegt sich im Sturm, das verdammte Flügelgewicht, wunderbarerweise bleiben Himlicek und sein Flügel oben kleben.

Ein Dialogfetzen aus *All About Eve* im Fernseherchen in der Küche: *Es wird Zeit, dem Piano zu sagen, dass es das Klavierkonzert nicht erfunden hat.*

Zu spät.

Sein Flügel erfindet nicht nur Klavierkonzerte. Er spielt, was er will, all das, was aus Himlicek schon immer herauswollte. Himlicek stellt den geschwätzigen Fernseher vor die klapprige Wohnungstür, das Kabel schlackert hinterher, Himlicek zieht es wütend nach und legt sich dann wieder unter den Flügel. Mit kleinem bösem Zischen stirbt die Birne in der Fassung an den zwei Drähten.

Himlicek, ziemlich ausgemergelt. Sieht im schwarzen Spiegel, zwanzig Lackschichten, sein Bild, in die Höhe verzogen, Flügel-Anamorphose. Durch die Schichten hindurch in die Tiefe, ab der dreizehnten breitet sich der Hintergrund aus, italienische Landschaft beim Lago Trasimeno, Seespiegel, weite schöne Landschaft mit Zypressen. Himmel. Darin aufsteigend Er, rittlings auf dem Flügel, dann geschmiegt in die Flügelbeuge, schließlich an ihn geklammert, mit den Füßen Halt suchend auf dem Pedalblock. Hinauf, immer nur hinauf, ikarisch in die Bläue. Ein Flugzeug schreibt in die

Luft andere Wörter für blau: bleu, blei, bläu, bläi, blou, bluo, blui, blu, bliu, blie, bloa. Das Flugzeug stürzt erdwärts.

Der kalifornischstämmige Saxophonist Dexter Gordon, 1 Meter 96 groß und ziemlich dunkelhäutig, spielt auf einer weißen Wolke *Lover Man* auf seinem sandstrahlausgeblasenen Tenor, snifft während eines unhörbaren Pianosolos zwei Linien, die sich im Unendlichen schneiden, dann setzt er zu einer unendlich langen A-cappella-Verzierung an, Himliceks Flügel spielt, dagegen ankämpfend, rasend Liszt, beschleunigt das Tempo, Elfenbeintasten fliegen in den Raum.

Ein lebensgefährlich tief fliegender Engel, was heißt hier lebensgefährlich, kurvt mehrmals an Himlicek vorbei, hält ihm die umgehängte Playstation eines Wurlitzer hin, Himm drückt blitzartig Stan Getz, auch der aus Europa Ost, ukrainischer Herkunft, drückt *People Time* und gleich noch, der Engel nickt, *First Song,* es ist Anfang März 1991, rasend drehende Zeiger auf der Sonnenuhr, Getz spielt in Kopenhagens *Montmartre* seine letzten Songs, *eigentliche Lieder hat auch der sterbende Schwan nicht mehr,* ruft Alfred Brehm aus dem Paradies, in dem außer ihm nur Tiere leben, *aber sein letztes Aufröcheln ist klangvoll wie jeder Ton, welchen er von sich gibt.*

Hochfliegende,

niederschmetternde

Trauer –

Piero della Francesca in einem langen weißen Hemd malt mit ruhiger Hand, aber schnell, damit die Farbe nicht auftrocknet, *al fresco* in die Himmelskuppel: Himlicek und seinen Flügel, daneben Dexter Gordon mit einem golden blinkenden Saxophon. Singstimme aus dem All, ein knödelnder Tenor: *Freuiiinde, das Leben ist leeebenswert.* Siebenhundertsiebenundsiebzig glücklich zu den Goldsternchen aufschauende gefleckte His-Masters-Voice-Hündchen.

Das Gemälde steigt auf, *steigt höher noch und höher / als wollt's vor Lust vergehen,* zerfließt in der Stratosphäre, die

Sonne trocknet es weg mit einem wischenden Geräusch, zischt ab wie eine Mail.

In der neunzehnten Lackschicht: langweiliges leeres Azurblau, langsam dunkler werdend, schwärzer. Zwanzigste Schicht: schwarzschwarz, malewitschschwarz. Tonspur wie von fern, durch dunkle Tropennacht alle italienischen Opern zugleich und übereinander, leiser werdend. Raumton, unhörbar, nur Volumen.

———————————————————————

Januar 2017 – Januar 2020
Zürich - Berlin - Umbrien - St. Maria - Zürich

Mit früheren Texten. Die Zitate aus den Resi-Briefen verdanke ich dem ORF-Hörbild »Wie geht es dir, liebe Resi? Verfolgt und ermordet von den Nationalsozialisten: Die Tragödie der Zirkusfamilie Zauser aus Feldkirch«, von Stefan Weber. Dank an Dagmar Lampl Müller und Christoph Rohrbacher für ihre Vermittlung, Reinhard Häfele, Feldkirch, für weiterführende Informationen.

BLUMEN für Ingeborg

und herzlichen Dank für Rat und Tat an Christoph Baumann,
Lukas Dettwiler, Marc-Antoine Fehr, Bruno Hitz, Daniela Koch,
Guido Magnaguagno, Marco Meier, Anne Rüffer, Wilfried F. Schoeller,
Barbara Sommer, David Streiff, Magnus Wieland und Martin Zingg.
Postkarte geht nach Montpellier an M. Claude Majolet.

*

IN ERINNERUNG an Camille Schlosser,
den begabtesten Ziereremiten,
skeptischsten Freund,
entschlossensten
Einzelgänger.

Hermann Burger, *Der Lachartist,* aus dem Nachlass herausgegeben von Magnus Wieland und Simon Zumsteg, 41 Seiten, 1 Abbildung, Deutsch, 12.5 × 21 cm, softcover. —— »Auch hier treibt er [Burger] es bunt. Er lässt die Sätze zu Monstern anschwellen, unterbricht sie, versetzt ihnen Schläge ins Genick und bringt sie doch immer grandios zu Ende« (Beatrice von Matt, *Neue Zürcher Zeitung).*

Hermann Burger, *Lokalbericht,* aus dem Nachlass herausgegeben von Simon Zumsteg, in Zusammenarbeit mit Peter Dängeli, Magnus Wieland, Irmgard M. Wirtz, 316 Seiten, 18 Abbildungen, Deutsch, 12.5 × 21 cm, softcover. —— »Eine kleine literarische Sensation« (Guido Kalberer, *Tages-Anzeiger).* —— »Die Überraschung ist erheblich« (Daniele Muscionico, *Neue Zürcher Zeitung).* —— »Burgers früher Roman ist ein einziger Spaß« (Gerrit Bartels, *Der Tagesspiegel).* —— »Sprachlich bezeugt *Lokalbericht* [...] eine stupende Sicherheit und Eigenständigkeit« (Beat Mazenauer, *literaturkritik.de).* —— »Sein Erstling [...] mustergültig editorisch aufbereitet« (Ronald Pohl, *Der Standard).* —— »Ein irrwitziger Lesegenuss« (Beda Hanimann, *St. Galler Tagblatt).* —— »*Lokalbericht* [zeigt] beeindruckend, was Literatur alles kann und was dieser Autor mit Sprache alles zu inszenieren verstanden hat« (Evelyne Polt-Heinzl, *Die Presse).* —— »Enorm witzig« (Manfred Papst, *NZZ am Sonntag).* —— »It's worth noting, too, that the edition of this work is exemplary« (M. A. Orthofer, *The Complete Review).*

Gunnar D. Hansson, *Der Lomonossow-Rücken,* aus dem Schwedischen von Lukas Dettwiler, 184 Seiten, 1 Abbildung, Deutsch, 15 × 24 cm, softcover. —— Die etwa 1800 Kilometer lange geologische Formation im Arktischen Ozean wurde 1948 von einer sowjetischen Forschergruppe entdeckt und nach dem russischen Sprachforscher, Dichter, Geologen und Universalgelehrten Michail Wassiljewitsch Lomonossow (1711–1765) benannt. —— Tauchgänge in die literatur- und polar-forschungsgeschichtlichen Tiefen rund um den Pol. —— Logbuch einer Forschungsreise ins ›Herz der Weiße‹. —— »Lyrik ist sommers wie winters das einzige mögliche Genre am neunzigsten Breitengrad.«

Jan-Christoph Hauschild, *B. Traven—Die unbekannten Jahre,* 696 Seiten, 52 Abbildungen, Deutsch, 12.5 × 21 cm, softcover. —— »[...] eine grandiose Ermittlung und geradezu sensationelle Biografie [...] brillant geschrieben [...] bewundernswert und genau belegt« (Albrecht Götz von Olenhusen, *literaturkritik.de).*

Huang Qi 黃琪 (ed.), *Chinese Characters then and now* 漢字古今談, essays by Qi Gong 啟功, and by Hou Gang 侯剛, Zhao Ping'an 趙平安, Chen Guying 陳鼓應, Zhao Jiping 趙季平, Yau Shing-Tung 丘成桐,

translated by Jerry Norman, Helen Wang, and Wang Tao, 352 pages, 122 illustrations, English/Chinese, 23×33 cm, hardcover. —— »[...] eine der schönsten sprachwissenschaftlichen Publikationen der letzten Jahre [...] ein ausserordentlich umsichtiges Grundlagenwerk« (Ludger Lütkehaus, *Neue Zürcher Zeitung*).

Michael Oppitz, *Morphologie der Schamanentrommel*, 1241 Seiten, 1224 Abbildungen, Deutsch, 22×27 cm, zwei Leinenbände, Schuber. —— »Ein Zeugnis der Kunst ethnographischer Dokumentation.« —— Tonbeispiele unter *www.dhyang-dhyang-voldemeer.ch* —— Im Prisma eines einzigen Gegenstandes – der endlos sich verwandelnden Trommel – wird die Vielfalt der schamanischen Praxis greifbar. —— Ein in jahrzehntelangen Recherchen entstandenes Monumentalwerk zu einer in den Bergregionen des Himalaya weitverbreiteten Religionspraxis. —— Ein Versuch, mit wissenschaftlicher Akribie und mit literarischer Erzählfreude über einen einzigen Gegenstand den flüchtigen Anschauungen der schriftlosen Völker Hochasiens ein bleibendes Denkmal zu setzen. —— »Ein Meisterwerk der teilnehmenden Ethnologie [...] Ruhm und Ehre für Michael Oppitz« *(Frankfurter Allgemeine Zeitung)*.

Ulrich Stadler, *Kafkas Poetik*, 340 Seiten, 17 Abbildungen, Deutsch, 15×24 cm, softcover. —— Die Arbeit stellt den Versuch dar, Kafkas eigene poetische Darstellungsweise nachvollziehbar zu machen. Auch sie bedient sich eines indirekten Verfahrens, indem sie der Einzelheit, dem unscheinbaren Detail, den unbedingten Vorrang einräumt und jeder Festlegung eines übergeordneten Ganzen entgegenwirkt.

Conrad Ulrich, *Die Familie Ulrich von Zürich*, 1028 Seiten, 174 Abbildungen, Deutsch, 16×24 cm, zwei Leinenbände. —— Die Familie Ulrich hat in der Zürcher Gesellschaft seit langer Zeit ein gewisses Gewicht – sei es als Handwerker, als Magistratspersonen, als Räte, als Landvögte, als Amtleute, als Geistliche. Nicht zuletzt aber wurde während langer Zeit auch das Zeitungs- und Verlagswesen Zürichs durch die Ulrichs geprägt. Aus einer Fülle von Dokumenten erarbeitet, erzählen die hier versammelten Lebensläufe Zürcher Vergangenheit in all ihren Aspekten und vermitteln ein neuartiges Bild der Zürcher Kultur- und Sozialgeschichte der vergangenen fünf Jahrhunderte. —— »Conrad Ulrich versteht es hervorragend, charakteristische Geschichten und Anekdoten zu erzählen [...] Nicht bei den Erfolgreichen [...] hat er die spannendsten Biografien entdeckt, sondern bei den Unbekannteren und Unangepassten. [...] Conrad Ulrichs eingängiger, zuweilen humorvoller Stil unterscheidet sich von vielen anderen historiografischen Texten und macht die Bände zu einem Lesevergnügen« (Barbara Naumann, *NZZ am Sonntag*).